丛书编委会

总　策　划： 来新国　王文成

编委会主任： 郭齐勇　周晓亮

编　　　委： 来新国　陈知涯　张　彧　尹格韬　沈　众

　　　　　　　　王文成　孟淑贤　周长志　罗养毅　秦　丹

　　　　　　　　乌　琛

大家精要

王念孙 王引之

王章涛 著

陕西师范大学出版总社

ang Niansun Wang Yinzhi

图书代号 SK17N0234

图书在版编目（CIP）数据

王念孙　王引之/王章涛著.—西安：陕西师范大学出版总社有限公司，2017.7（2024.1重印）
　　（大家精要）
　　ISBN 978-7-5613-9201-0

Ⅰ.①王… Ⅱ.①王… Ⅲ.①王念孙（1744—1832）—传记 ②王引之（1766—1834）—传记 Ⅳ.①K825.4

中国版本图书馆CIP数据核字（2017）第115412号

王念孙　王引之　WANG NIANSUN　WANG YINZHI

王章涛　著

责任编辑	郑若萍
责任校对	陈君明
封面设计	张潇伊

出版发行　陕西师范大学出版总社
　　　　　（西安市长安南路199号　邮编710062）

网　址	http://www.snupg.com
印　制	永清县晔盛亚胶印有限公司
开　本	650 mm×930 mm　1/16
印　张	10
字　数	100千
版　次	2017年7月第1版
印　次	2024年1月第2次印刷
书　号	ISBN 978-7-5613-9201-0
定　价	45.00元

目　录

第1章　名儒名臣三代相继 / 001

　一、高邮独旗杆王府天下闻名 / 001

　二、神童与名师 / 008

　三、文化根与科举路 / 012

第2章　清代扬州学术的伐木开道者 / 016

　一、为求学问、功名赴京华 / 016

　二、领军江北学人，开扬州学派风气之先 / 025

第3章　绝学传世的"王氏四种" / 031

　一、入选《四库全书》馆 / 031

　二、语言文字学中突起的异军 / 035

　三、父子论学，谈出《经义述闻》/ 042

　四、阮元与高邮二王的关系 / 054

　五、辨虚证实的杰作——《经传释词》/ 058

第4章　从"倒和"诤臣到被勒令退休的"罪员" / 068

一、刚直睿智的父子兵扳倒和珅 / 068

二、奔走在水利工地上的河官 / 076

三、反贪廉吏欠下的巨债 / 082

第5章　"文化官员"王引之 / 087

一、日理公事，夜读经史 / 087

二、王引之与乾嘉学人 / 091

第6章　学术生命永葆的王念孙 / 102

一、"杂志"之名由王念孙创始 / 102

二、段玉裁、陈奂师生与王念孙的学谊 / 113

三、老来审少作，终生研究古韵的成果 / 118

第7章　文章经济兼能，重臣硕儒并称 / 124

一、施政以安定民心为要，教育以端正品行为准 / 124

二、平冤案，治灾害，与民休戚 / 130

三、六部四尚书和武英殿总裁 / 137

四、胸罗训诂，心系天下 / 142

附录

年谱 / 148

主要著作 / 153

参考书目 / 153

第 1 章

名儒名臣三代相继

一、高邮独旗杆王府天下闻名

江北烟光古城美

江苏扬州和淮安之间的大运河段，是中国最早的人工河之一，那是春秋时期吴王夫差为北上争霸挖掘的，当时叫邗沟。它像一根扁担挑起了长江、淮河，成了个"工"字形，三水交流尽纵横。这里两堤依水全是柳的地方，有一处特别诱人，每届春日，柳条万千，临风摇曳，如同少女美发，柳絮千万，随风飘摇，果真三月烟花。此处就是古"秦邮八景"之一"邗沟烟柳"。

秦邮，一个"秦"字，把你带到遥远的战国时期；一个"邮"字，让你想象着古驿站和邮传。就在这个地方，1985年发现了至今保存完好的明代孟城驿。中国邮驿史长达三千多年，历代设置的驿站、递铺都荡然无存，硕果仅此，让此地更红火起来。近十多年来，此地召开了多次国际邮驿学术讨论会和邮文化节，中外嘉宾咸集，名扬海内外。如若你想进一步知道这里的风土人情、政经文脉，选读著名作家、《沙家浜》剧本的创作者、此地乡贤汪曾祺笔下的小说和散文，会让你大开眼界。此地就是清代扬州府属高邮州、今扬州市辖高邮市。

汪曾祺是位能写又健谈的文化人，回到久违的家乡却变得看得多、问得勤、说得少，或许因为他见到著名书法家、河南大学教授于安澜的一首诗："平生讲话喜夸张，到此锋芒尽收藏。莫道如今拘促甚，此是乾嘉大师乡。"获知这位喜欢侃侃而谈的年过八旬的于教授到了高邮都不敢讲话了，更是因为他站立在"一家之学，海内无匹"（阮元语）的王氏父子家乡而肃然起敬。这并非他一人的感受，而是1983年10月26日与他同来高邮的中国训诂学会一百五十余名专家、学者以及二十多家新闻、出版单位代表共同的感受，汪曾祺故而也变得少开口了。这一大批国内顶尖级的文化人来干什么？原来是为于安澜诗中所指的"乾嘉大师"王念孙、王引之父子的纪念馆剪彩揭幕。

高邮王氏纪念馆坐落在秦邮城的西后街，是修缮王氏故居旧屋并稍加扩建而成的。几组青砖灰瓦的古建筑被围墙环抱着，中等高的门楼不露圭角，端庄古朴中散发的仅是文化气息。跨进大门，映入眼帘的是迎面照壁上的"戬穀"砖刻阳文大字，将这种文化气息扩散并蔓延开来。"戬穀"出自《诗经·小雅·天保》："天保定尔，俾尔戬穀。"指代福禄，表达具备诸善之义。这祈福劝善的吉祥之语，不但向世人展示王氏家训的指归和做人的准则，也不乏炫耀其书香门第、簪缨人家的光荣之意。提到"独旗杆天官府"，高邮无人不知。天官指礼部尚书，王念孙的父亲王安国、儿子王引之皆出任过礼部尚书，这天官府指的就是王府。至于"独旗杆"，则是高邮地方上人人熟知的口述故事。据说王府旧址原是一位擅耍大刀的武将陈锜家，想必有过诰封之类的御赐，家门前曾竖过八根旗杆，后来家道中落，旗杆也相继倒了不少，待到陈家将这处房产割售给王家时，仅剩下孤零零一根旗杆。王氏数代不但为官清正，而且是从事以文字、音韵、训诂、考据的大学问家，这名门望族的独特处，让易姓的独旗杆反倒生出另一层含义，更显得名实同归。

独旗杆的宅第转入王氏名下，吉房喜纳五福，家业蒸蒸日上，尤其是王念孙的父亲王安国官运亨通，位登卿贰，已升任尚书。这时王念孙的祖父王曾禄年逾古稀，福寿双慧，别人都很羡慕他，还时不时地说些"您老好福气"的恭维话。他老人家也乐而受之，按捺不住内心的喜悦，往往以笑声回应，显得眉飞色舞。可惜美中不足的是人丁不兴旺，每当看到年龄小于他的许多乡邻子孙绕膝、三代同堂的热闹场面，而自己还未享受到含饴弄孙的天伦之乐，就像冷水淋头，心里凉了一大截，受人恭维时的兴奋像残雪被狂风卷去。

独旗杆王府来自苏州

乾隆八年（1743）秋冬间，七十二岁的王曾禄发现长媳徐氏腹部日隆，知已怀孕，心中暗喜，预先为孙子起名"念孙"，并嘱咐安国不可违背，可见盼孙急切。待到十二月十三日，王曾禄带着没有孙子替他扛幡的遗憾离开了人世。随后的日子里，独旗杆王府沉浸在悲哀和忧愁中，哀伤来自丧父的痛苦，忧虑出于害怕孕妇临产时的变故。度日如年，连大年夜都冷冷清清。次年三月十三日（1744年4月25日），一声男婴的啼哭声打破了数月来的沉闷，使一直冷寂的王府突然间欢腾起来。

王安国悲喜交集地感叹道："老天爷保佑，给我的父亲添了孙儿，总算家业有继。"此刻他最得意的是总算有了接香火的，进一程也不过是做点打造官绅世家的美梦，他万万未曾料到他的儿子和孙子能着手百年绝学，成为一代宗师。

今日高邮王家，许多老人谈起老祖宗，都津津乐道，说是从苏州迁来的。这种说法也不是空穴来风，许多地方志和家、族谱都有类似的记载。说来话长，元朝末年，扬州府辖泰州白驹场出了个义士张士诚，因不满官府的欺压，率众起义，很快攻下同郡的泰州、兴化、高邮等地，并率兵南下，攻城略地，定都苏州，自称吴王。当时天下大乱，群雄割据，异军突起的明朝开国皇帝朱元璋最强大，在推翻元朝的同时，也消灭了张士诚。张士诚在苏州时，体恤民情，深受民众爱戴，当朱元璋部队攻苏州时，市民皆奋勇抵抗。城破后，朱元璋军在捕杀张士诚的同时，也迁怒于苏州市民，将他们赶往苏北，高邮是其中的一个落脚点。王氏父子的老祖宗，当时不是以罪犯就是以军中奴仆的身份从苏州迁来的。待到王安国为父亲撰《行述》时，他悲伤地说因出身贫贱，社会地位低下，迁高邮宗族有七世失考，勉强搜寻到高祖（八世祖）及曾祖、祖父的资料。

迁高邮八世祖王应祥，字瑞圃。研究《尚书》颇有心得。他的儿子王开运，字文弘，少小就得到父亲的精心指教。父子俩共同探究《尚书》，在州学中享有盛名。生当明末乱世的王开运，宁愿过饥寒交迫的日子，隐居不出，仅设塾教家乡子弟读书。待到清兵入关，爱新觉罗·福临称帝的顺治元年（1644），王开运的儿子王式耜已是十六岁的少年。王家人和所有的民众一样，在惊恐和茫然中强忍横遭血腥镇压后的悲痛，但战乱初平，经济复苏，少了兵荒马乱，人心日渐安定下来。王式耜（1629～1699），字圣野，号宇泰。早承家学研究《尚书），兼习《易经》、《诗经》、三礼、《春秋》三传，学识渊博。清初明遗民痛恨程朱理学误国，程朱的学术遭到攻击。王式耜不为时风所惑，认真阅读周敦颐、程颢、程颐、张载、朱熹等宋学诸儒的著作，善于独立思考，著有《书经详说》《尚书讲义》《四书详说》等书教授学生。他以身心体认为真知，以幽独不欺为实践，坚持认为割裂浮华、掺杂佛道两家的空话、大话必须清除尽，读书不可追求功利，重在致用，有益于国计民生。可悲的是王式耜未遇到修学好古、实事求是的学官，参加科举考试四十年，仅中康熙十七年（1678）乡试副榜，连个举人都没有捞到。但他不改初衷，临终告诫儿子曾佑、曾禄，家风不可失坠，也不可杂以流俗习气。

王氏十一世裔孙曾禄（1672~1743），字西受，号古堂。生性愉快和蔼，平易近人；孝顺父母，友爱兄弟，品德高尚。幼承家训，博通典籍。中秀才后每试动辄冠军，惜屡赴乡试皆名落孙山，以拔贡终其生。他以义理浸渍其心胸，待到自足不外求、从容自得时，写成文章，检验心得，所以无论古文、时文，皆得心应手。他在举子业上虽未出人头地，却是教授有方的名师，百余弟子，无不深感学有所得，获益良多。经他点拨过的学生，以及有幸读到从他手中散出的文稿的人，在参加乡会试时往往能中高魁。当日秀才、举人求功名心切，每当乡会试结束，都千方百计打探被考官赏识的考卷，从试院中流出的名卷被人争相传阅，而熟悉王曾禄笔风的人，时常从中发现与他昔时所写所批者若合符节。

金殿祖孙三鼎甲的开创者

独旗杆王府，自应祥到曾佑、曾禄，四代苦读，家学深厚，惜与功名无缘。但兄弟俩晨出当塾师，晚归宿破屋，虽有饥寒相袭，皆安贫乐道，总是不忘日间讲读的文章，就疑难处研究考证，并将此视为愉快的事。七分功夫三分运，凭王曾禄的功力，搏个举人并非难事，考个进士也能力争，可惜运气太差。但也不可小视他，正是他的努力，使独旗杆王府发生天大的变化。他的长子王安国在他的培养下，终于金榜题名，位登卿贰，开"金殿祖孙三鼎甲，诘林父子两名家"、五世不斩的气候。

王安国（1694～1757），字书城，号春圃。年幼时，做塾师的父亲早出晚归，仅抽点早晚余暇给他授课，其余的时间全靠自习，七岁时竟懂得求解训诂大义。十岁那年，父亲到岳丈家坐馆，安国得便携弟安度入外祖父家塾中读书，自此二十年无间断，析疑辩惑，一经指教，触类旁通，尽知其所以然。康熙五十六年（1717），王安国中举，他的父亲大喜过望，感慨万千地对他说：我家积累十余世，奇迹竟发生在你的身上，但是你的学业浅薄，何以能承受这种荣耀，仍需加倍努力。于是越发下劲督教他，如同少年时。随后安国两次赴京参加会试，皆无功而返。父亲鼓励他说：你的水平可以考中而未能获隽，是为了消除你的骄傲情绪，让你打下更扎实的基础。会试每三年一次，安国中举后的第七年（雍正二年，1724），第三次进京参加会试。此次成竹在胸，志在必得。榜发不但名列其中，而且荣登魁首，高中会元。未隔多日赴殿试，对皇帝和考官的提问应答如流，被雍正帝钦点一甲第二名榜眼，随即钦授翰林院编修。

翰林院是皇帝储备人才之地，也是皇帝的文学侍从暂栖之地，这些翰林随时都得听命于皇帝的调遣。王安国曾奉命纂修《大清一统志》兼《八旗志书》。雍正十年（1732），王安国出任福建乡试主考官。此榜得人极优，他选拔的举人日后竟有四十人成进士，真不愧慧眼识才。他历官国子监司业、翰林侍讲、学政、侍读学士、左副都御史、刑部右侍郎、左都御史、巡抚、兵部尚书、礼部尚书。在部十年，纂成《通礼》一书。乾隆二十年（1755）迁吏部尚书，二十一年十一月以病请求解除职务，很快得到批准，但还没有等到他启程返乡，就在次年正月初八日亡故于京师。

王念孙是在祖父王曾禄亡故整整三个月后出生的。父亲王安国从广东巡抚任上辞归，在家守丧。这个上慈下孝的家庭遭此变故，全家上下的心情自然不好。祖父未能抱孙，父亲五十一岁才得一子，王念孙的出世总算给这个家庭带来欢笑和希望。在封建社会，官员遭遇父母丧亡，按照礼制，一定要辞官在家守丧三年（实际为两年三个月），寄托哀思，尽其孝道。待到王安国守孝期满，朝廷补授礼部尚书的命令已经下达到他的手中。升官生子，人间乐事。尤其是尚在襁褓中的王念孙活泼可爱，聪敏过人，已经认识二十多个字，人见人夸，皆说他早慧，不同于一般的儿童。然而，天有不测风云，人有旦夕祸福，王念孙的生母徐夫人突然病故，刚刚两岁的王念孙过早地失去了母爱。

按照迷信的说法，王安国的命太硬，发妻车氏，继配昆山徐氏，再继钱塘徐氏，前后十七年间，三位妻子相继亡故。生当中年的他，又乏子嗣，却一直拒绝娶妾，如今竟不肯续弦。这时朝廷催促上任，娇儿又小，留在家乡寄养，他又放心不下，竟在没有女眷又少仆人的情况下，携带进京，随身抚养。他下朝无事，就喜欢与儿子一边谈笑，一边指教识字、读书。王念孙四岁时，父亲竟将五世相传的家学《尚书》硬行灌输，还授读晦涩的古老词典《尔雅》。这种填鸭式的教法，小孩囫囫囵吞枣地接受，与现在的教授法相比较，实在太不科学。不知是教子心切，还是为了家风永葆，王安国我行我素，照老法子行事。奇怪的是小小年纪的王念孙，在父亲的口授下，竟然能将一百数十行的课文，顷刻之间，背诵得滚瓜烂熟。

二、神童与名师

当爹当娘又当师

王安国是又当爹来又当娘，把小念孙带到东来带到西，还随身背着书包，有空闲就教他读书，有时甚至把他带到办事的公堂内，就着办公桌案以笔授读。同僚见王安国如此辛苦，担心他不堪重负，而他泰然处之，始终不渝，乐在其中。王安国每早上朝，王念孙像小跟班似的，与父亲一同乘车前往。带着走倒还好办，问题是家中不生火做饭，吃不上早餐，公堂内设有餐厅供应饮食，王安国自可饱餐一顿，而小念孙蹲在车厢里就苦了，只能啃父亲为他准备的几只饼饵充饥。念孙七岁那年，父亲因公到外地办事，担心孩子无人照料，也带着随行，住在驿站或行馆中。与王安国同行的某位大臣夜间草拟奏稿，因引用典籍中文字，苦于手边无书核对，又恐怕错误，就来问王安国。念孙才睡熟，听见问话声就惊醒了，应声诵读，一字无讹，大家惊叹不已，以为异才。名臣朱筠年轻时曾与前辈王安国打过交道，亲眼看见小念孙在父亲的抱持下，随车远出塞外，不惧关山险阻，唯知问东问西，随身还携带书籍，整天捧着阅读，小小年纪就开始了行万里路、读万卷书的历程。

王念孙八岁就能写文章，连格式呆板、枯燥无味的八股文也学会了，谋篇布局，下笔成文，皆有可圈可点之处，行家看了也拍手称好。十岁时读完十三经。十三经是中国儒家典籍中最原始、最精华的十三部书，即《易经》《尚书》《诗经》《周礼》《仪礼》《礼记》《春秋左传》《春秋公羊传》《春秋穀梁传》《论语》《孝经》《尔雅》《孟子》。王念孙读书不超过十遍就能背诵。将十三经背诵如流已是令人咋舌的事，谁知他是韩信用兵，多多益善，除了经书外，还翻捡出许多史书如《史记》《资治通鉴》等阅读。他读书绝非像小和尚念经，有口无心，而是认真体悟，在综观历史、了解时事、感慨激昂的情怀下倾于笔端，写下读后感。在王安国眼中，十岁的儿子写得最好的文章是《秦桧传》，断制森严、章法缜密。特别是字里行间展示着念孙爱憎分明、崇尚忠孝节义、讲求诚实厚道的道德情操。

十年来，王安国由礼部尚书改吏部尚书，身为皇帝的近臣，肩负部院大臣的重任，政务倥偬，十分繁忙。何况年过六旬，精力不济，每日下朝回来教王念孙读书，深感吃力。三千五百多个日日夜夜，一个大僚身份的鳏夫拖着一个孩子，真是天下少见。王安国也思忖：好料要有好工才能成器，名师手下出高徒。我这儿子是块好料，不然怎会有京师神童的美誉呢？应该赶紧替儿子请个名师。京师虽是天下人才汇聚的地方，但是大多官帽子戴在头上，怎可能做家教呢！送到书塾读书，实在放心不下；请塾师，一般的儒生真叫人不满意。正在他左右为难之际，可能是同僚秦蕙田的提醒，一个再恰当不过的人选跃入他的视野。此人是谁？这还得从两年前的春天说起。

乾隆十九年（1754），京师的春天显得特别明洁，三年一度的会试在公车进京的各地举人的角逐下刚结束，张榜公布的新科进士名录中出现了纪昀、王鸣盛、钱大昕、王昶、朱筠等一批名士、学者的名字，证明此科选拔的人才极盛。此时，一位身着敝袍破履的中年人，从安徽休宁来到这里。他不是赶考的举人，仅有县学生员的资历，是个避祸逃亡的人。他名叫戴震，因族中豪强贿赂贪官，不但侵占他家的祖坟地，还要治他的罪，使他落到这种窘境，借宿在歙县会馆。他虽蛰居陋室，不事张扬，但才学超人，名声还是传开了。纪昀这帮新科进士十分仰慕他的大名，竟不惜降低身份，纷纷拜会这位穷秀才。歙县会馆突然热闹起来，群贤毕至，学友汇聚，在论道讲学中，戴震学问的博学、识见的新锐、学风的朴实，为同辈所倾倒。

经钱大昕推荐，戴震入礼部侍郎秦蕙田府帮忙编书。随后又被翰林院编修纪昀邀入家中，共同治学。戴震小露锋芒，就名震京华，引得公卿名流、饱学之士争相与他交往。

戴、王师生缘，前后两大儒

说到这里，不能不介绍一下乾嘉学派。乾嘉学派是最能体现清代学术精神的学术团体，它由前期以惠栋为领袖的吴派、中期以戴震为领袖的皖派、后期以阮元为领袖的扬州学派、晚期的常州学派这一江南学术板块与北方一派共同构成。著名学者张舜徽说："考论清代学术，以为吴学最专，徽学最精，扬州之学最通。无吴、皖之专精，则清学不能盛；无扬州之通学，则清学不能大。"乾嘉学派，其中的关系和玄机，一时是理不顺、道不清的。在这个学术舞台上，起重大作用的正是戴震。他一生真正意义上的唯一弟子是在这里接纳的，他的学术也是从这里发展起来的。

王安国看中的就是戴震。凭戴震的才学能在翰林院为庶吉士（从新科进士中选拔的翰林预备人才）讲课，让他去教一个十二三岁的儿童实在大材小用。此刻戴震正在纪昀家，生活安逸，能静下心来著书立说，何乐而不为！出乎意料的是，戴震对王安国延聘他做家教的事竟承允下来。是戴震看好王念孙为可造之才，还是看中王安国家的著述条件比纪昀家更好，这就不得而知。总之，在王念孙不足十三岁的乾隆二十一年（1756）的春天，这对师生已开始了皖派与扬州学派的对接。

戴震教授认真负责，但从不向学生板面孔、摆架子，授读时虽也严肃，但流露的更多的是平易和亲和。他授课不厌其烦，提倡独立思考，启发学生解读课文，希望学生能发现问题，提出问题，然后逐一作针对性的讲解，使学生真正懂得其中的真谛。他特别鼓励学生不畏"圣贤"，敢于责难先儒。王念孙很懂事，自觉而勤奋，又有幸遇到戴震这样的好老师，施行的是完全不同于一般陋儒的教学方法，在进学方面自然能收到事半功倍的成效。

自从把戴震请进门，王念孙一天一变样，学业精进，真神奇了。行家看门道，王安国本是大学问家，先前耳闻戴震大名，如今只要偷得空闲，东家和西席或把杯借酒话古今，或提壶斗茶论经史，堪称同志。对王念孙的教育，王安国在前期打下的基础与今日戴震追加的养料，是无缝接轨，少了走弯路、回头路的情况，循序渐进，向上攀登。当日戴震在京师有"当代硕儒"的美誉，精通三礼、六书、九数、声音、训诂之学；王安国也有与他相同的旨趣和造诣。这是戴震首次与扬州学者接触，从中了解了扬州，引发他随后与扬州学者进一步的接触。算来为皖派与扬州学派建立学术交流和传承关系的还是因为王安国呢！

好景不长，王安国的儿孙福还不如他的父亲，不要说离"念孙"差一大截，连独苗一根成人的日子都未等到，就在乾隆二十二年（1757）正月初八日，撒手人寰。这对少年王念孙而言，无疑是晴天霹雳。但他强忍悲痛，打起精神，张罗丧事，将父亲的灵柩运回高邮。处理如此大事，方寸不乱，师长及亲戚、乡邻皆称赞他少年老成，学识和办事能力不亚于那些干练博学的成年人。

三、文化根与科举路

从王、夏世交看王念孙的文化根

王念孙出京城东便门，至北通州，即将登舟时，突然想起什么，走到送行的老师戴震面前，急切地问道："老师，弟子尚需进修哪些学业？将来还要学些什么？"他眼巴巴地望着老师，想请老师列个课程表。戴震拍拍他的肩膀笑着说："凭你的根基，结合你目前的才识，是无所不可的。"扶着父亲灵柩返回家乡后，王念孙带着戴震的鼓励和期望，暂隐丧父之痛，又埋首读书。但他毕竟年幼，仍需导师。"高邮文物，号称名区"，人文荟萃，不乏饱学之士，他很快投入翰林院侍讲夏廷芝门下。

高邮夏、王两家为世交，祖辈夏绵祚与王曾禄就十分友善。夏绵祚将他的几个儿子送到王曾禄的书塾中读书，夏家诸子在塾中结识老师的儿子王安国，他们自小就是同学兼好友。王曾禄的书塾远近有名，曾培养出许多优秀的人才，成名士、达官者为数众多，王安国和夏家兄弟就是该书塾排上名次的高才生。廷芝是夏家老五。雍正十一年（1733）进士。入庶常，侍值武英殿，任《一统志》纂修官，授编修。乾隆七年（1742），充会试同考官。九年升侍讲，出任山西学政，十二年复任湖北学政。多才博学，在馆阁日，同人遇有疑义难题，多依赖他剖析考证。著有《周易纂注》《河图精蕴》。

理顺夏、王两家关系，可以发现一个有趣的现象，王念孙的知识有一部分来自他的祖父王曾禄。"念孙"的王曾禄生前未见到尚未出世的孙子，最终通过他的学生夏廷芝，将他的学术传给无一面之缘的孙子。老师的孙子，学友的儿子，不必多讲，足以想象得到夏廷芝对王念孙的教授是竭尽全力的。夏廷芝眼中的王念孙又是什么样的呢？是众多弟子中唯一日新月异，有显著长进的。从他对王念孙作文批语"生子当如孙仲谋"中，已可看出他是多么器重这位学生。夏廷芝不但在学习上，同时在生活上对失怙的王念孙关怀备至。当王念孙十八岁时，他叨念着该为念孙打理成家的事，身兼世叔、老师双重身份的他积极地张罗着。他见老友、本城邑增生吴铉的次女端庄貌正，女德女工兼优，虽与王家门不当户不对，但他自有他的道理，有心作伐，介绍给王念孙。夏廷芝语重心长地对王念孙说："你虽然出生于大官家，但家无积蓄，俭朴甚于贫士，富贵人家的小姐未必能在相夫教子上适宜你。吴氏女家教严谨，节俭勤劳，能成为你的贤内助，可免除你的后顾之忧，让你能专心致志地忙自己的前程。"王念孙相信老师的话，就礼聘了吴氏女，并于次年迎娶。吴氏女进了王家门，不用仆人，事必躬亲，自油米柴盐凌杂琐事，到积聚储蓄，丰不忘欠，无不尽心运筹，使内外井然有序。

走在科举的道路上

王念孙因居丧守孝，拖延了参加童子试的时日，但一当踏上科场之途，在扬州学派人物中，除了阮元，他走得还是顺当的。十七岁应童子试，州试第二，府、院试皆第一。其中参加府试最投巧，试题竟是王念孙数年前写过的，轻车熟路，一气呵成。出了试院，老师夏廷芝问他："还记得旧作吗？"王念孙很干脆地答道："全记得。"待回到住所，他拿起笔默写，甚至把老师当日删削修改处，也一字一句交代得清清楚楚，把夏廷芝笑得合不拢嘴，逢人便说：神了！州官称奇，考官叫好，学政刘墉则大喜。

刘墉试毕途经扬州时，特意拜访两淮盐运使卢见曾。卢见曾也是爱才惜士的学者型官员，自然而然地向他打听衡文取士的情况。刘墉很得意地说到被他拔为第一的王念孙，说这个不到二十岁的小伙子，学业有成，超凡轶群，是不可多得的少年才俊。卢见曾听到此处，插言问道："你可知此人是谁家后生。""并未查询。""他是王安国的公子。"刘墉听了惊喜交加，顿时生出一种特殊的情感。原来王念孙人小辈份大，算来他和刘墉是有世交的同辈兄弟。早在乾隆五年（1740），王安国掌都察院，次年刘墉的父亲刘统勋接任此职。待到乾隆十年十一月初五日敕令王安国出任礼部尚书，刘统勋仍在原任。时至乾隆二十一年王安国迁吏部尚书任，刘统勋迁刑部尚书已六年。他俩的父亲在内阁共事十余年，交谊甚厚。现在突然知道是世交，怎能不动情！连呼："文肃公（王安国谥号）后继有人了！"

王念孙取得参加乡试的资格，眼前的目标就是中举。乾隆二十七年（1762）秋，他赴试南京，惜无功而返。那得过三年，才能迎来下一届乡试，算来要等到乾隆三十年八月才见又一轮分晓。王念孙很幸运，试院未进，考卷不拿，竟在这年二月十七日成了举人，这种异数，颇有点喜剧色彩。

日前，乾隆帝作第四次南巡，过高邮查勘东地南关、车逻坝等处河道堤工，对水利工程很满意，心情极好，也就会想些事。乾隆帝大概想到九年前的一件事：当时礼部尚书王安国告假返乡迁葬父枢，乾隆帝说明春将第二次南巡，让王安国随行，途经高邮时暂留处理。谁知次年，王安国未等到乾隆帝启程就辞世了。此刻途经王安国的家乡，竟想到这位旧臣的儿子，所以召见王念孙。王念孙献上颂册，乾隆帝一高兴，钦赐了举人，这样他就可以直接参加会试了。

次年一二月间，王念孙辞别身怀六甲的妻子，首次公车进京，参加会试，向入仕的最后一道门槛跨去。但是他被无情地挡在门外，搭船返回了高邮。王念孙踏上故土，匆匆向家中赶去，还未跨进家门，就被一阵婴儿的啼哭声惊住了。经此一惊，返程中一直心绪不佳的他突然间变了一个人，满脸堆笑地推门高喊着："我回来了。"全家人闻声拥来欢迎他，包括他出世未久的襁褓中的儿子。他的喜悦正来自这新生儿。此儿就是日后著作等身、为世传诵，又位极人臣、治国济世的王引之，他出生于父亲王念孙赴京不久的三月十一日（1766 年 4 月 19 日）。

王念孙的科举之途，由秀才而举人，是沾了父荫，由举人到进士，却走了漫长的九年，四上公车才中进士。乾隆四十年（1775），三十二岁的王念孙在主考官嵇璜，副主考官王杰、阿肃识拔之后，经殿试由乾隆帝钦点为二甲七名进士，选授庶吉士，入翰林院庶常馆深造，以备皇帝重用。王念孙于五月十四日进庶常馆，待到十月末，因身体不好等原因，乞假归里。随后在家乡滞留多年，这样又拖延了六年，经补入庶常馆学习结业，才正式进入仕途。此时已是乾隆四十六年，由举人到入仕，前后长达十五年。

第 2 章

清代扬州学术的伐木开道者

一、为求学问、功名赴京华

来自朱筠和任大椿的知识加友谊

自乾隆帝钦赐举人到正式做官，王念孙走了十五个年头。在封建社会里，就考举人、进士而言，有人皓首穷经，埋头八股，终了连《儒林外史》中范进的运气都没碰上。因此，王念孙还算幸运。这十五年正值他的青壮期，对于一个大学者和循吏而言，是个不可忽视的人生阶段。在这十五年中，他为了夯实根基，在交游、自学、佐幕等方面都有极致的表现，取得阶段性的成绩，铸造了自己的学魂、纯洁了自己的德行，把自己锻炼成一个学术、吏治兼能的人。

王念孙首次参加会试，虽未取得功名，但也得到历练，增长了见识。这见识有很大一部分得自朱筠和任大椿。任大椿也是来应试的举人，与王念孙不同的是，已遭遇过两次失败，相同的是，皆名落孙山。扬州府公车进京的举人极可能举行某种形式的聚会，任大椿和王念孙大概就是这样认识的。

任大椿（1738～1789），字幼植，一字子田。扬州府辖兴化县人，与王念孙同郡。任大椿长王念孙六岁，他们同门，又都是扬州学派先导人物。说到同门，就得翻翻任大椿的履历。乾隆二十五年（1760），二十三岁的任大椿与时誉极盛的学者、时年三十八岁的戴震同赴南京参加江南乡试。任大椿摘桂成了举人，而戴震却被淘汰出局，他俩识于江宁贡院，又友学于扬州两淮盐运使卢见曾署中。卢见曾提供的条件，促成戴、任早期的近两年之久的学术交往。这对忘年交问学相长，亦师亦友。这种深厚的学谊，有该年冬戴震《与任孝廉幼植书》为证。该函透露出两个信息：一是戴、任学术交流频繁而激烈，是皖、扬两派学术交流开始的事实；二是扬派崭露头角，其学术观念的革命性先进于皖派已露端倪。在函中戴震诋毁毛奇龄"贼经害道"，而扬州学派人物多崇尚毛奇龄反对宋学末流的革命精神，可为明证。另有凌廷堪的论断："先生（指戴震）卒后，其小学之学，则有高邮王给事念孙、金坛段大令玉裁传之；测算之学，则有曲阜孔检讨广森传之；典章制度之学，则有兴化任御史大椿传之。皆其弟子也。"据此，任大椿是戴震的学友或弟子，或介于两者之间，另外两者学术关系或是传承的关系。任大椿、王念孙的背景，都显现着戴震的影子，两人在同乡、同门、同道这三同关系的纽带下，虽是初识，却一拍即合，成为挚友。

这段时间，任大椿受翰林院编修朱筠聘，以西席做客其家，常与东家聚会花厅论经史，挑灯西窗著文章，陶醉在寻章摘句之中。极可能是任大椿将王念孙推荐给朱筠，从而开启了王念孙的治学理念，使其正式投身学术研究，也使王念孙与朱筠的知遇之恩、与任大椿的生死之交得以缔结。同时，王念孙还结识了年长他十九岁的程瑶田。程瑶田（1725～1814），安徽歙县人，字易畴、易田，号伯易。乾隆三十五年（1770）举人。授嘉定县教谕。嘉庆元年（1796）举孝廉方正，同时被推举者还有钱大昕、江声、陈鳣三人，阮元唯独称许程瑶田足以冠首。程瑶田与戴震曾共同师事大儒江永，学术一脉相承；又与扬州学派中王念孙、阮元、焦循、凌廷堪等人学术交流频繁，私交又极好。他是皖派与扬州学派之间最直接、最重要的搭桥者。

王念孙通过朱、任、程等师友的关系，在北京喜获江永《古韵标准》，算来江永是王念孙的太老师。王念孙见到署名就十分惊喜，再细读书中内容，更有如获隋珠和璧之感。皖派以文字学为基点，就音韵而训诂，进而推究经学，探求史学，旁及诸子百家。出自皖派的小学大师衣钵，由江永传戴震，戴震传段玉裁和王念孙，王念孙传其子王引之，飞奔在山道上，一棒接一棒，直达巅峰。特别是王念孙、王引之（被后人习称为"高邮二王""高邮王氏父子""高邮王氏"，为叙述简明，以下则以"高邮二王"专称念孙、引之），"不皖不吴独开一派，是父是子同有千秋"，双星争辉，皆成一代宗师。而王念孙的学术就是从江永《古韵标准》发轫的。

《古韵标准》引发的终生追求

"古音"人为的划分，有中古、上古之别。宋朝人陈彭年、邱雍等编纂的《广韵》，其注音是中古音，而不是上古音。清人研究古音，是指以《诗经》为代表的上古音。根据《诗经》韵脚，借《广韵》上推古音，以离析古音韵部，其先声者是顾炎武。

顾炎武（1613～1682），字宁人，江苏昆山人。他读《诗经》时，发觉每篇中所押韵的字，即韵脚，都是韵母相同、相近的。他循此发现，认真地把《诗经》里所有的韵脚加以分析、归类，大体上分清上古音的韵母状况，条分缕析其系统，拟为十部，撰《古音表》，揭示出上古音的真面目。王念孙读过《古音表》，奉为圭臬，现在突然见到江永的《古韵标准》，才知道顾炎武所分十部有许多漏洞和不足之处，而江永所分十三部，确实比前者缜密合理，且将古音研究推进了一大步。

王念孙牢记戴震的教导，敢于责疑先儒。太老师江永能指摘大儒顾炎武书中的瑕疵，他也拿起太老师的架势，怀疑起太老师所定十三部的舛错及未臻精细之处。王念孙把《诗经》三百零五篇差不多翻烂了，反复寻绎，终于发现江永的《古韵标准》并不标准，就按照自己的分韵方法，重加编次，分为二十一部。当时纯属闭门造车，王念孙并未见到师兄段玉裁的《六书音韵表》，也未读到老师戴震的《声类表》，或许还写在其师与师兄之前。因是少年习作，又是辩驳太老师，顾虑极多，未敢拿出来给人看。即便如此，待到五十六年后，他与江有诰再次讨论音韵时，才张显于世，而其成果之精密，仍居领先地位。

学到的知识跑不掉，书到用时方恨少，这两句俗语对做学问的人真够受用。二十三岁的王念孙研究古音绝非头脑发热，也非歪打正着，是他发现其奥秘和价值，一举攻克难关，把顾炎武、江永未摆弄好的古音，竟谙熟精髓，运用自如。王念孙对古音的刻苦钻研，应了上述俗语，虽吃了苦，但不吃亏，而且受益终生，得了大好处。王念孙视古音为小学、考据学的关键环节，小学是打开学术殿堂的工具、钥匙，古音则是工具中的特效工具，钥匙中的万能钥匙。弄通了古音，就能在研究文字、训诂及校勘、考据中起到神奇作用，所以有"以音韵通经子百家"的说法。

王念孙在《读淮南子内篇杂志》"第二十二"中有一段有关音韵学与训诂学、校勘学关系的阐说。他凭借娴熟的古音知识，就《淮南子》韵语中误、脱、增、删、移、改的错误，举出种种实例，归纳为十八种。这十八种方法是王念孙得心应手的法宝，能施用于相关的研究范畴，取得常人达不到的成绩。

自乾隆三十一年（1766）始，王念孙五上公车，于乾隆四十年方中进士，前后近十年，历经丙戌科、己丑科、辛卯恩科、壬辰科、乙未科会试。在京师日，王念孙得到朱筠的款待，关系日渐密切。王念孙除了参加考试外，大多做客朱筠家。尤其是会试结束后，大约要等上二十多天才放榜，这段时间着急不顶用，能否被拔为贡士还是未知数，何况即便获得参加殿试的机会，此刻抱佛脚已无济于事，乐得图个轻松。这样王念孙到朱筠家就更勤了。

二上京师的王念孙，已是能在小学中纵横驰骋的专家，他熟读深悟顾炎武、江永的书，通检、归纳《诗经》《广韵》的每一个韵脚、每一种古音，还对许慎的《说文解字》作深入的研究。此年王念孙已加大对小学的研究力度，准备著书四种，以匹配顾炎武的《音学五书》。他嫌在高邮阅读的《说文解字》版本不佳，来京后就拜托李文藻求购明毛晋汲古阁刻北宋本。淘书要碰运气，难起来铁鞋踏破也难觅，巧起来说有就有。李文藻帮着打听到有一韦姓书商有毛刻《说文解字》，王念孙大喜，急切地催书商开价，但书商开的价码高得叫人吃惊。碰上居奇货、卖高价的，奈何不了他，谁叫你爱书如命呢！家境困难的王念孙本无余钱，此刻又滞留异乡，衣囊空空，只好贷款购回。就凭这种痴迷、醉心的程度，也可以掂量出王念孙的学术水平。所以每到京师，朱筠都邀他讨论小学，辨析六书精义。十年间，朱筠无论在京师，还是放外任，都竭力保持与王念孙近距离的接触和深入的学术交流。

在安徽学政朱筠幕中

乾隆三十六年（1771）九月，朱筠出任安徽学政，三十八年九月因生员欠考捐贡案降职，任未满召还京师。乾隆三十六年上半年，王念孙尚盘桓在朱筠京邸，待到他连遭辛卯及壬辰恩、正两科会试落第后的壬辰（乾隆三十七年）冬，直到考中进士，王念孙一直追随在朱筠左右。朱、王相交是双向关系：朱要王协助著述、整理典籍；王随朱练习时文制艺，为会试备考。王念孙更得便宜处，是深受朱筠言传身教，历经实战锻炼，受益良多，可视朱筠为比其师戴震在他身上所起作用更大的人。此说何据？这就有必要知道朱筠是何许人物。

朱筠对清代学术发展有着特殊的贡献，他创立的类同学术研究机构的幕府格局为后来者所模仿，影响着清代中晚期的学风，后于他的督抚大员如毕沅、阮元、谢启昆、曾燠、孙星衍等深受他的影响。近代著名学者姚名达在撰成《朱筠年谱》，熟悉其事迹的基础上，有感而发，说朱筠是乾嘉朴学的开国元勋，是乾嘉朴学家的领袖。清代朴学的祖师，一般人推为顾炎武、阎若璩，这固然不错，但朴学之所以发达，成为一种学派，完全因清廷开馆采辑《永乐大典》，纂修《四库全书》，造就了一个校书、做学问的环境，所以稍有天才的人都跑到京师来校书，稍有学问的人都利用这个机会来做训诂考证之学。而提议开馆校书采辑《永乐大典》的人就是朱筠。朱筠不但有此大功，并且随时随地鼓励别人去做这种事业，用心尽力帮助别人做这种事业。所以做这种事业的人都推他为盟主，而社会上一般人称通经博古之士为朱派，朱门弟子著录的有五六百人之多。上述"乾嘉学派领袖"一说，有偏颇之嫌，称之乾嘉学派中北方一派的领袖更贴切，但所说朱筠在学术上的业绩是实实在在的。

王念孙在幕中亲历了朱筠干的一件文化大事。乾隆三十八年（1773），朱筠奏请保存古籍，提出将明代的《永乐大典》取出，选择若干部，分别缮写，辑佚成书，以备著录。这一请求获得乾隆帝的重视，随即批准办理，派军机大臣为总裁官，并在翰林院等官内选定职员，责令专门负责查校，将原书详细检阅，并与《图书集成》互为校核，择其未经采录而流传极稀少，又可以抄录成编者，先行开列目录，逐一辑录成书。因朱筠此议，引发《四库全书》馆开设，清代这项最巨大的文化工程就是在安徽学政署中肇始的，王念孙是目击者和参与人。王念孙在其幕中几近两年，随后又坐馆其京邸两年，深受其影响也是事实。朱筠及其弟朱珪对扬州学派人物，包括高邮二王、汪中、江藩、阮元在内的一大批学者皆有识拔、提携、培养诸行为和作用，对扬州学派的完善、壮大有着不可磨灭的功勋。

咬文嚼字于椒花吟舫

朱筠视学安徽，发觉一件不可思议的事：在以五经本文与学生讲习时，许多学生因为轻视小学，竟不明白文字源流，错别字连篇，对许多字的音韵、训诂都不清楚。原来他们大多数没有字典——《说文解字》。他举了一个叫人忍俊不禁的例子：有些学生是"滔谄不分，锻锻不辨"。所以决定重刻《说文解字》，让学生人手一册，使他们知道识文章、做文章都是从识字开始。朱筠适巧购得一部汲古阁初印本《说文解字》，苦于自己未曾精研六书，难以胜任甄别舛错。他深知王念孙是行家里手，所以请他承担校勘此书的重任。

经王念孙校订的《说文解字》很快付刻，朱筠在乾隆三十八年（1773）正月十八日特意撰序冠于首页。此序被品定为朱筠此类文章最好的一篇，是辨别六书要旨及陈述《说文》简考的佳作，非一般学者能写，也非一般陋儒能看出妙处。当时与王念孙同幕的著名学者章学诚辞幕不久，写了一封讨论学术的信给沈在廷，在表述与上述相同见解的同时，还透露此序出自王念孙的笔下。所以民国初年的刘盼遂在搜寻王念孙遗文时，将此序收入《王石臞文集补编》中。

从姚名达的评述中，我们知道编纂《四库全书》的首倡者是朱筠，日后这项由清廷统领的工作，自有一套班子主持，而仍在地方上的他并未停留在口头上，而是投身到搜书中。朱筠搜书又与校书相辅相成，并行不悖，其用心是致力于光大学术。当时朱筠的幕友有张凤翔、邵晋涵、章学诚、吴兰庭、高文照、庄炘、瞿华、洪亮吉、黄景仁、汪瑞光、汪中等，而他对王念孙最欣赏。有一个事实可为实证：众幕友在朱筠卸安徽学政任时，皆劳燕分飞，唯独王念孙被他挽留，偕同返京。王念孙为报答幕主之恩，也出于自身的学习兴趣，又为朱筠校勘《大唐开元礼》；还同汪中一并受嘱，与幕主合作校勘《大戴礼记》中《曾子》十篇。至于还校过什么书，未见记载，不可妄作论断，但有一点是肯定的：王念孙参加了《四库全书》的搜罗，并时常与幕主讨论搜书校书之事。

"椒花吟舫"，多么雅致的斋馆名，建筑物船样的特色，把人带入旱园水做的地方，阵阵"有椒其馨"的花香沁人肺腑，是多么适宜吟诗的地方。王念孙跟着朱筠来到北京日南坊李铁拐斜街街南肇庆会馆西边的这座雅室，时在这年的十一月。年根岁尾，朱、王闲暇无事，常咬文嚼字于椒花吟舫。这类交谈，更坚定了王念孙对《说文解字》的研究。次年（乾隆三十九年）正月始，王念孙借朱家贵地，以半载之功撰成《说文考异》两卷。该书今已不存，但从朱筠《送王怀祖》诗略知一二。诗的大意是：王念孙认为许慎《说文解字》尚有失考、舛错之处，故用心于文字形意的分析，探求假借的脉络，辨别古今音的异同，深究转注的情况、互训的关系。他广征博引唐以前经典，寻觅小学家的论断，掇拾名家注疏，复加自己的见解，草成此书。

王校朱刻的《说文解字》流通后，引起学者的重视，并投入研究。钱大昕为其中的一人，他有《答问》十二篇，其第八篇为《说文》，第十二篇为《音韵》，皆针对《说文解字》阐发见解。也就在《说文考异》完稿之时，王念孙看到钱大昕《答问》第十二篇《音韵》。钱大昕在该文中指出：顾炎武说古音"地"如"沱"，举《诗经·斯干》"载寝之地"与"瓦"韵，不与"裼"韵为例，并引用《易·系辞》"俯则观法于地"与"宜"韵来加证，这种见解并非顾炎武自创，实出自明代陈第依据《楚辞·橘颂》所提出的看法，但是陈第也未敢改《诗经》音从《楚辞》。钱大昕认为经典读"地"字，大率与今音不异，顾炎武的论断是错的。王念孙可谓古音在胸，洞若观火，故判定"顾说是，钱说非"。他说凡从"也"声的字，古音皆在歌部，所以池、驰、他、施等五字见于《诗经》者皆如歌部之音，"地"字也不例外。《诗经·斯年》"载寝之地，载衣之裼，载弄之瓦"三句连文，而句法相同，不可分为二韵，就如同上章"载寝之床，载衣之裳，载弄之璋"一样。上章以从床、裳、璋、喤、皇、王为韵；此章以地、裼、瓦、仪、议、罹为韵。王念孙就自己的见解，撰成《书钱氏〈答问〉说"地"字音后》，此篇前引钱说，后为王念孙驳论。王念孙从《礼部·礼运》等篇章中举出许多论据，证实顾炎武是正确的。该文证明王念孙在这方面的领先水平，及前述其古音研究成果"未敢示人"并非编故事。

二、领军江北学人，开扬州学派风气之先

而今实学在扬州

乾隆四十二年（1777），任大椿在夏秋之交，请画师画了一幅《雪屋诵经图》，许多友人赋诗题画。著名的大学者翁方纲竟兴致极浓地题了四首，末一首写道："无复雷塘艳旧游，而今实学在扬州。翰林馆课辕将返（王怀祖），吏部家园梦未酬（程鱼门）。独借趋庭问诗礼，更将奇字补扬侯（君方辑《吕忱字林》）。石渠金匮须君手，雪屋中能几日留。"把扬州三个极有成就的中年学者推介到读者面前，他们是王念孙、程晋芳、任大椿。翁方纲的诗，显而易见地展现了三人的学术地位，并以三人的学识为依据，断定"而今实学在扬州"。就在这年的五月二十七日，即题画的前一段时日，皖派领袖戴震逝于京师。不论是巧合还是翁方纲若有所思、所指，他预示着另一个新的学术时代已经来临，扬州学派新鲜出场，并将承担起将清代学术推上巅峰的重任。

前一年（乾隆四十一年）春天，王念孙在扬州给翁方纲写了一封信，还寄上翁氏喜欢的唐永昌元年《陀罗尼经幢》拓本。金石迷翁方纲，广求天下金石拓片，见此珍品，乐不可

支。苦于没有够分量的礼品回报，秀才人情，就寄首诗致谢吧！推想此前他们就有往来，这往来可上溯到翁方纲自广东学政任满返抵京师的乾隆三十六七年的岁尾年初相交之时，因同好《说文》，经朱筠介绍，是有可能的。从日后的交游，能见两人的深厚学谊。乾隆四十五年（1780）三月，王念孙随同翁方纲、朱筠、孔继涵、孔广森、王昶聚会于京郊陶然亭。次年正月十五日，王念孙偕同翁方纲、卢文弨、程晋芳、周永年、丁杰、陈以纲、刘台拱同在翁氏斋馆诗境轩点评桂馥新著《续三十五举》；春，卢文弨南返，王念孙、翁方纲、程晋芳、刘台拱、桂馥、丁杰、周永年等友人集会联欢，并分别以序、记、跋、诗为他饯行。

翁方纲是为扬州学派定位的最初发言人，王念孙是他圈定的佼佼者。当时以王念孙为中心的扬州学派先导队伍已发展壮大起来。王念孙能传家学，更与同里名儒贾田祖、李惇友善。三人都喜饮酒，喝得酣畅时，常常钩沉经史，解析疑义，还时常吟诗唱和，或翻检典籍，搜讨旧闻，泛演旁出，嘲噱嬉戏，谈笑风生。时至道光六年（1826），八十三岁的王念孙受李培紫请求，为其父李惇撰《群经识小》作序时，还深情地回忆起当日有志于郑玄、许慎的学术，考订文字，辨析音韵，与贾田祖、李惇声气相应的情景。乾隆三十七年（1772）春，王念孙在京师结识同郡宝应人刘台拱，夏秋间又结交刘台拱的表弟朱彬，冬末在朱筠幕中与同郡江都人汪中、仪征人汪端光成学友，加上前述的任大椿、程晋芳，已是规模可观的阵容。姑且不论今日回顾这批扬州学人在清代学术史上的崇高地位，这批扬州学派先导人物是何等的光彩照人，即便在当时也为世人瞩目。

牵动起本土、皖扬、京扬间的学术互动

汪中挟才气而富文采，是清代著名的骈文大师，同时也是通博的学者，与阮元、焦循被誉为扬州三大儒。这一称谓虽冠"扬州"，却不为扬州一地所限，是当时国家级的大师，即便以今日的眼光审视、品评他们，也是名实相符的。汪中早年浸淫于文学，于经学并未深究，他二十九岁时，才开始专治经术，让人意外的是，其引路人是王念孙。这年冬开始，同是二十九岁的王、汪二人在朱筠幕中，因校《说文解字》及其他经书的需要，汪中投身小学和经学的研究。汪中利用同幕的机会，向王念孙讨教，以小学相切磋，掌握了因形求音、因音求义的方法，研究《尔雅》《说文》，作《尔雅补注》《说文求端》。又其所著《经义知新记》，于谐声、假借辨析得也很精确，其成就正得力于此年结识王念孙，受其影响和指导。

汪中是个狂生，从不轻易称许他人，却高度评价"高邮王怀祖神悟两汉，两汉儒者所无"。他在评定当时学术时，综括江南学术板块，大体指出以惠栋为领袖的吴派，以戴震为领袖的皖派，以及江以北一派，即今日所称的扬州学派，并自豪地说：江以北一派则王念孙为之唱，李惇附和，我汪中与刘台拱赓续。朱彬在与李惇、汪中等人竞相角逐于书山学海之时，每当提到王念孙，挂在嘴边的是仰慕他学术高超的赞语。焦循作为晚辈，在得到这些先导者的学养沾溉后，对他们有了深刻的了解，产生更确切的感悟，所以在评估扬州学术时，深情地说：乾隆年间古学兴起，前辈学者王念孙、贾田祖、李惇是倡导者，刘台拱、汪中、任大椿、顾九苞等人积极响应。当然也少不了包括他在内的后继者的努力。汪中、朱彬、焦循是与王

念孙同时代的人，他们对王念孙的评定，基本上代表了扬州学人团队的共识，由此及见王念孙学术带头人的作用。

乾隆四十年（1775）十一月，王念孙告假归里，到四十五年重返庶常馆补读，几近五年滞留高邮。他蛰居湖滨精舍，致力于《说文》等小学、经学的研究，同时往来于扬州，与本土学人作种种的交流。王念孙牵起了本土、皖扬、京扬三个学术板块的互动，这种努力是扬州学派初级阶段的形成和正常有序地运行的根本保证，为扬州学派成为乾嘉学派的集大成者奠定了基础。

因考据的需要，清代学者普遍重视金石文字，对金石实物和拓片的搜求有强烈的欲望，王念孙更是积极者。他归里未久，就赴扬州造访学友，适巧耳闻江都人汪杰获得扬州大盐商马曰琯旧藏武梁石室画像拓本，想一睹为快；而汪杰虽以画家名世，但精擅金石学，早知王念孙是行家，也极盼他鉴赏。一个是不请自到，一个是开门揖客，两人拍手言笑后，王念孙细审拓本，并应主人请，把辨析拓本中文字的精辟见解跋于拓本末。后来此本为金石家黄易所得。黄易作《小蓬莱阁金石文字》，曾袭用王念孙的论见，遗憾的是并不全面。日后王念孙撰《读书杂志·汉隶拾遗》，特地翻此旧事，重加论述。

次年（乾隆四十一年）正月，王念孙致函汪中，相约再会扬州。在莺飞草长的烟花三月，王念孙与汪中相会于绿杨城郭，在纵谈学术之余，也憧憬着扬州学术团队的发展。汪中对扬州学术前景信心百倍，认为扬州一府有你王念孙和我汪中，加上刘台拱支撑局面，各擅其长，各具成就，凭着有爱国忧民之心，有与权势、地位、名声绝无依附的豪杰情怀，通博经术，注重名誉节操，有能力开辟一片学术新天地。他毫无忌讳地对王念孙说，他拜访了钱大昕，聆听其说，才知道他博学而折中恰当，无与伦比，高出戴震十等，确实是一代儒宗。他们还谈到程瑶田的学术，其精湛、创新处值得学习、借鉴。

足以涵盖乾嘉学术时间段的高邮二王，凭借"祖孙鼎甲，父子鸿儒""一门绝学，两代宗师"的社会地位和学术实力，以其高风亮节、古道热肠，联络同志，扩大学术队伍，为阮元、焦循、凌廷堪扬州学派三巨头时代——乾嘉学派巅峰的到来，奠定了坚实的基础。

不交俗务，唯以勤学著述为责任

高邮县城的西北边，就是苍茫云水数十里，包孕苏中的高邮湖。湖西辖地有"古秦邮八景"之一的"神山爽气"。此处有一块王氏墓地，王念孙在墓庐湖滨精舍中读书著述，乐得清静。乾隆四十一年（1776）十月，贾田祖与李惇来此探望老友，见王念孙用功注释《说文解字》，还发现刚撰成的《释大》八篇。贾田祖见王念孙如此用功，又熟知李惇的学识，有感而发，赋五言古风三首。第一首记此处风景；第三首有"李君（惇）笃学人，未老称典型""我衰尚编蒲，努力追遗经"句，记三人志在学术。在第二首中，贾田祖深情地赞道：

> 君志不在隐，所志在著书。著书匪爱名，迷津导群愚。粤稽文字兴，虫鸟出皇初。史籀十五继，炳焕昭寰区。秦人创隶法，形模稍已殊。尔后日变乱，古制弥淆渝。东京许叔重，只手为匡扶。其文万有余，音义垂典谟。世久复破坏，绍述起二徐。掇拾岂不勤，不能掩瑕瑜。历今又千载，踵陋承其诬。君通六书秘，翻覆生嗟吁。澄心究本始，雅训刊粗疏。十年擢胃肾，一字百踟蹰。由周迄汉唐，发箧勤爬梳。匪

直许氏文，星日丽天衢。其言关圣作，卓哉轩苍徒。

嗟彼辞章流，仰屋何为乎！

这首诗赞誉王念孙的校勘工作不但使《说文解字》重新恢复它的活力，为人识字提供帮助，而且能够使人们读懂、正确理解传统经典。

也在这一年，李惇撰《群经识小》成稿，王念孙在第一时间获观。该书考证诸经古义二百二十余条，被阮元誉为"事事精确不磨，发前人所未发"。李惇在校勘上，重在订正经文及其注疏中的脱、衍、讹、错文和破读等；在训诂上则注重音韵，认为不知古音就不知讹异之故，也就不知道前贤在训诂上的妙处，他强调"声音训诂，通一为道也"。

王念孙与李惇是学术轨迹基本一致的同道，上述李惇的一切学术方法，都可以从王念孙"因声求义"的理论阐说和训诂实例中找到相同的例证，只是王念孙比李惇做得更出色、精细、博大而已。

乾隆四十二年（1777）春，王念孙、汪中、李惇受贾田祖邀，相聚于容瓠轩中，主人带病置办鱼虾、菜蔬和醇酒，招待这些朋友。乾隆四十四年八月，王昶与汪中、江德量等扬州学人聚饮于平山堂。王昶在纪事诗中尚称赞王念孙精通《说文解字》和《广雅》；也夸奖刘台拱是研究《周礼》的专家。王念孙居家，除与扬州学人往来外，不交俗务，唯以勤学著述为责任。除了在《说文解字》《广雅》上下功夫外，还校订了西汉扬雄的《輶轩使者绝代语释别国方言》（简称《方言》）。一方面在小学、经学上狠下基本功，一方面联络扬州学人之间以及与外地的互动，为扬州学派奠定了基础。

第 3 章

绝学传世的 "王氏四种"

一、入选《四库全书》馆

庶常馆中与馆阁前辈论学

乾隆四十五年（1780）五月十八日，庶常馆开学，从新科进士中遴选的庶吉士个个踌躇满志。历经数次考核，得以相互熟悉；唯独一个面孔，让他们感到生疏，他就是补学的王念孙。庶吉士老小差距很大，这是科举不受年龄限制的结果，三十七岁的王念孙属于既非小亦非老的角色。但是他的学识，在这批庶吉士中是无人可比的。他上交朱筠、卢文弨、翁方纲等馆阁前辈，下交程瑶田、邵晋涵、王昶、章学诚、孔继涵、孔广森、桂馥、丁杰、周永年等著名学者，又与刘台拱、任大椿、程晋芳、顾九苞等本门本派的家乡学友密切往来，其声望非一般庶吉士可比。

翰林院中的庶常馆，本属中央级的研究生院，虽然生活清贫，但学术空间大，是大儒高士的汇聚地，学习环境极好。此刻王念孙发现馆阁前辈、他的老师戴震校勘的《方言》，就把在湖滨精舍的校订本拿来比照，师生所见竟多同，仅一二处小异，这反映出王念孙的学术水平已攀登上新的高度。

这年秋天，王念孙的师叔卢文弨来北京。说是师叔，除了年长二十七岁，还有一个重要证据。卢文弨（1717～1795），浙江仁和人，字召弓，号抱经。乾隆十七年进士，官至侍读学士。辞官后主讲钟山、崇文等书院。卢文弨曾在北京向黄姓某人借得《大戴礼记》元刻本，校勘当时流通本，发现通行本舛误、讹错处达到十分之二三，许多注释内容为后人所删削，他也据此补足。乾隆二十二年（1757）春，卢文弨将所校《大戴礼记》交戴震过目，戴震作了一些校改。随后此校本转入卢见曾处，此刻戴震在其幕中，将此书刻印出来，为《雅雨堂藏书》本。对这件极其有意义的事，卢见曾联想到该书本为西汉戴德编撰，经北周卢辩加注，时过千百年，竟有同姓之人重加审正而有所发明。

说到此处，自然能看清卢文弨与王念孙的关系。时隔二十年，卢文弨还倾心于校勘《大戴礼记》。特别是他看到王念孙所校本，竟引为同志，视为学友，要求王念孙审阅他的校本。这位老先生也实事求是，将王念孙校本与官本对照，也有他并未认可或有待商榷之处。他告诉这个后生，当日与其师共校此书，后来刊刻时，不知何故，有些形成共识而肯定的内容竟弃而不录。他认为戴震是博雅精细的学者，出现这种情况，可能是与众人共事，见解无法统一，也就不能尽其所长，发挥才识的缘故。卢文弨还与王念孙讨论校书的方法，指出凡与不同版本的书相校时，发现有出入处，应折中其事，以求其是，可以破除注释者望文生义的弊病。对旧注失实的地方，若全舍弃，很可惜，因为其中也有可取处。若改定正文，而与注绝不相应，也似乎不可。应仍然保留正文之旧，作案语写在下面，罗列各家的见解，既存真，又扩大甄别范围，给后人留下研究空间。卢文弨特意将新近所得见解若干条寄示王念孙，请他校正。其中有《夏小正》："来降燕，乃睇。"《保傅篇》："有司齐肃。"《曾子制言中》："无忽忽于贱。"《卫将军文子》："终日言，不在尤之内。"《劝学》："于越、戎貉之子。"皆于校勘上多有创见。卢文弨却不敢遽然作定论，师友中似无能与之商榷者，今见王念孙，久惑遇知音，觉得唯有他堪当此任。

这年丁杰也在北京，他看到王念孙《方言》校本，爱不释手，费若干日工夫，抄得副本。这一副本被正在校订此书的卢文弨看见，他视王校本为重要的参考资料。次年（乾隆四十六年），卢文弨写了一封信给丁杰，与他讨论校正《方言》事，重点是针对王念孙所校、丁杰所识作深入的探讨。对于卢文弨的校本，王念孙尚有不同的看法，认为自己的校本为卢文弨录用了数十条，但不是他最满意的，而他特别满意的数条，卢文弨却弃而不用，他实在不知卢氏是怎么想的。事隔九年，王念孙致函刘台拱时，重提校勘《方言》旧事，就自己满意而不为卢文弨所取的条目，抄录出来请刘台拱结合己意，及段玉裁等人的见解下一判断。卢、王交流情况因相关文献散佚，其细节不得而知，但可以肯定，卢文弨采用戴震、王念孙这对师生的学术成果作进一步的研究是事实，这也从一个侧面证实卢、王这对忘年交的学谊是深厚的。

挂职都水司，却做《四库全书》馆的事

乾隆四十六年（1781）四月二十九日，王念孙接受入仕前的最后一次考试，即庶常馆毕业考试。乾隆帝出的赋题是"日

处君而盈度"，同学多不知出处，王念孙腹笥极富，当同学茫然不知时，他一语道破是卫恒《四体书势》中句，存《晋书·卫恒传》中。同学翻检此史，果真如此，皆佩服王念孙直谅多闻。此赋王念孙写得辞义精确，铺陈得体，日后被两江总督蒋攸铦编入《国朝同馆赋选》中，流传久远。因成绩优秀，王念孙被钦点为一等第五名，随即出任工部都水司主事。

扬州学派人物大都热衷于研究历史地理学，于水文地理尤加专注，联系实际，服务于当时的水利建设，其中王念孙是开风气的人物。王引之说他父亲一向精熟《水经注》《禹贡锥指》《河防一览》等水利书，待到出任工部都水司主事，越发对水道深加研究。对水利也很精通的阮元，认为王念孙自从主持都水司事务，出于工作的需要和强烈的责任感，对当代的水利书乃至历代各种有关治河的书籍，都详细阅读，对古今水利方面的利弊，了如指掌，无不通晓，更致力于精研治河之道。

王念孙上任不久，就结合自己的工作，征集有关河道的文献资料和调查报告，根据前人的经验和自己的理解，著《导河议》上下篇，上篇《导河北流》，下篇《建仓通运》。王念孙在水利上的识见，已引起朝臣的重视。适巧次年春天，河南省青龙岗黄河溃决处尚未合龙，乾隆帝遣大学士阿桂子、乾清门侍卫阿弥达查找河源，告祭河神。经查星宿海西南有一河名阿勒坦郭勒，蒙古语"阿勒坦"即黄金，"郭勒"即河，为黄河源头。事竣复命，并呈上新绘制的河源图。这事触动了乾隆帝，在七月十四日命兵部侍郎纪昀、大理寺卿陆锡熊编写《河源纪略》。朝廷重臣纪昀、陆锡熊只是挂名，任务很快落实到王念孙等人身上。《河源纪略》成书，深得各界好评。出自王念孙手的"辨讹"一门，凡旧说的纰缪，皆条列原文，分别纠驳，以去惑释疑。"纪事"一门，凡征讨所经过的地方、部族聚居地、职贡所通的道路、开屯列戍的场地，凡与河源相关联的，一一胪列。其前代逸闻也分类附录。"杂录"一门，凡名山、古迹、物产、风土人情在大河左右的，皆博采遗文，以旁资稽核。并对蒙古地名、人名译对汉语者，均照此改定正史，详晰校正无讹。两年后，《河源纪略》得完稿，抄校毕，呈御览。乾隆帝称好，命将此书收入《四库全书》，以昭传信。

自入庶常馆补读，至出任工部都水司主事，王念孙因在小学上轶群的功力，推想是经熟悉他的《四库全书》馆馆臣纪昀、朱筠、翁方纲等人的推荐，被召入馆中，任篆隶校对官，识篆辨隶，考订文字。在乾隆四十七年七月十九日奉旨开列办理《四库全书》在事诸臣职名中，列名翰林院庶吉士的，今任工部主事王念孙，国子监学正谢登隽。谢登隽以国子监教官身份入《四库全书》馆与王念孙合作，共执一事。从有关史料看，其在小学方面似无建树，远非王念孙可比，可想象得出，当时馆内该项工作的重任依然落在王念孙的肩上。

二、语言文字学中突起的异军

官场偷闲全为了不荒废学问

王念孙于乾隆四十六年（1781）五月出任工部都水司主事，有三年并未参加过多的实际工作，而是在文牍生涯中遵从清廷的委派，重点放在《河源纪略》的撰写和《四库全书》的篆隶校对上。至乾隆四十九年改工部虞衡清吏司主事；五十年，升工部营缮清吏司员外郎；五十一年升工部制造府郎中；五十三年补陕西道监察御史。乾隆五十二年十月，王念孙跟随工部左侍郎德成经浙江勘查海塘，可公务缠身，无暇用心于学问，许多治学规划进程缓慢，甚至停滞不前。他的官运尚可，比他的学友任大椿强多了，任氏浮沉郎署，走的十七年的路，他仅用了七年时间。

自出任御史后，王念孙逐渐适应官场事务，公务相对稳定，静下心来反思，觉得学业荒废，岂不可惜！更未曾想到的是，前期研究课题已为他人所做，如师兄段玉裁倾心于《说文解字》，赶着作一部新注，学友邵晋涵致力于《尔雅》，在撰写《尔雅正义》。凭王念孙的功底，他最有能力作这两部字书的研究，有学者就认为若由王念孙做会做得更好，但王念孙出于公心，不欲撞车，也耻于步人后尘。虽说当时人就知道王念孙对这两部字书研究，是早于段、邵二人的，但他还是弃而不做，另辟蹊径。

出任御史之年的夏秋间，王念孙把十年前在高邮校的《方言》找出来。《方言》零落日久，乾隆三十八年（1773）秋，戴震入《四库全书》馆，得便从《永乐大典》内辑得善本，又广搜群书中引用《方言》及注释的内容，相互参订，正讹字二百八十一，补脱字二十七，删衍字十七，著成《方言疏证》，使《方言》有了一部恢复原貌、可读可学的善本。王念孙闭门造车，想不到与老师出门同轨，还发现老师所校有不尽如人意处，又加校订。从今日中国科学院图书馆藏戴震《方言疏证》王念孙批校本看，确有其事。另外，民国十一年（1922）罗振玉从江氏手中购得高邮二王未刊稿一箱，经其整理编次，其中有《方言疏证补》一卷。这些残本、残稿证明王念孙从事过《方言》补疏。但他在次年给刘台拱的信中说，他中止了这项工作，究其原因，当是不愿踵其后，而要自立门庭。所以在这年（乾隆五十三年）八月弃《方言》的补疏，而开始了《广雅》的疏证。

《广雅》是三国魏太和年间（227～232）博士张揖所撰。内容始于《释诂》，终于《释兽》，原作三卷，共一万八千一百五十字。从书名就可以看出是一部推广《尔雅》的书，所以体例、篇目分类与《尔雅》完全一致，只是某些种类的范围稍作调整，如《释亲》包括形体，《释水》包括舟船，其大旨是补充《尔雅》所未备的训诂。该书所收字按意义分别部居，释义多沿用同义相释的方法。因博采汉代经书笺注及《三苍》《方言》《说文》等字书增广补充《尔雅》，故名《广雅》。隋朝江都人曹宪为《广雅》注音，始分十卷，因避隋炀帝杨广讳，改"广"为"博"，称《博雅音释》，至今二名并存。

《广雅》虽不及汉朝人先后编纂成的《尔雅》《方言》《说文解字》问世早，也不及它们精确，但宝贵的是保存有周、秦、汉各朝人的训诂资料。特别应该关注的是因岁月久远，若再不加以校注，人不识此书，则难逃湮没无闻的命运。王念孙意识到此事的重要性，发宏愿准备用十年的功夫完成疏证《广雅》的任务。他给自己制定了工作日程，每天一定要考订三个字，无论寒暑，一日不旷，全身心地投入此事。历经艰辛，他花了七年带四个月的时光，提前两年多撰成这部巨著。

梁启超对王念孙疏证《广雅》，有万分的肯定和赞许。民国初，他在《中国近三百年学术史》中很风趣地比喻道：昔时郦道元作《水经注》，论者全说注优于正文。《广雅》原书虽然尚佳，但总算不上第一流的著作，自从经王念孙疏证，成了第一流的书，张揖竟沾王念孙的光，也成了不朽的人物。以王念孙的身份，本该疏证《尔雅》，《尔雅》也只配王念孙来做，可惜被邵晋涵抢先做了，王念孙耻于蹈袭，走了偏锋，反倒让张揖讨了个大便宜。日后郝懿行著《尔雅疏证》，颇多不尽如人意处，此人也算笨极了。这段话对郝懿行贬得过分了，但对王念孙的褒奖则一点也不过分。

借《广雅》作载体，展示真知灼见

自曹宪《博雅音释》问世，至清乾隆朝一千多年间，屡经传刻，错漏颇多，也未见研究《广雅》的专著。王念孙以明刻曹宪《博雅音释》为底本，并取明毕效钦刻本为首选的各种明刻《广雅》作互校，又采用影宋本补正明刻本的错误，还征引《方言》《说文解字》《玉篇》《众音经义》《太平御览》《集韵》等书校正唐宋以来传写的错误。王念孙的时代离曹宪已有一千多年，离张揖更久远，还得加四百年。隔了这么久远，如何辨识？校雠，最原始最基本的办法仅是两书互校，像抓仇人似的将错别字、讹误字找出来。就此也非如此简单，还要涉及版本学等多种知识，何况校书要采取各种手段，当然这是在看过王念孙的书才能渐渐知道的。

《广雅疏证》脱稿，王念孙共校正讹者五百八十，脱者四百九十，衍者三十九，先后错乱者一百二十三，正文误入音内者十九，音内字误入正文者五十七。对这些错误都按条签出，重加补正，并详举依据和理由。这样的校勘成绩已很有分量，确实在《广雅》研究上取得令人瞩目的成绩。如《广雅疏证·释诂》卷一上"道、天、地、王、皇……大也"条，王念孙于其后补"浩漾"二字，并条列依据："浩漾者，王逸注《九歌》云：'浩，大也。'《尧典》云：'浩浩滔天。'《淮南子·览冥训》云：'水浩漾而不息。''浩'字亦作灏，又作晧。司马相如《上林赋》：'灏漾潢漾。'郭璞注云：'皆水无涯际貌。'《文选·魏都赋》：'河、汾浩汻而皓漾。'李善注引《广雅》'浩漾，大也。'今本皆脱'浩漾'二字。凡诸书引《广雅》而今本脱去者，若与上下文并引，即可依次补入。如下文楷模品式法也，脱去模品二字，据《众经音义》所引补入是也。若不与上下文并引，则次第无征，但附载于本节之末，如此条'浩漾'二字是也。凡补入之字，皆旁列以别之。后仿此。"

这些例证，一般人是无法检索到的。当时没有电脑，即便今日，也不可能立即将所有的典籍制成光盘。可想而知，王念孙靠一个人的智慧和力量做得如此极致，腹笥富丰是最根本的条件。《广雅疏证》征引书目几近三百种，采用各种对勘方法，利用掌握的各种资料，去伪存真、补苴罅漏，得出最科学的结果。阮元称赞王念孙"万卷皆破，一言不虚"，绝非夸大之辞。当代学者富金壁客观评估王念孙"极为扎实的朴学功底"之后，美誉为"代表了清代国学学者的最高水平"。

王念孙全盘继承戴震"不以人蔽己，不以己自蔽"的治学精神，是被梁启超称为"岂惟不将顺古人，虽其父师，亦不苟同"的勇于创新者。就《广雅疏证》而言，阮元说王念孙"借张揖之书以纳诸说，实多张揖所未及知者，而亦为惠氏定宇、戴氏东原所未及"。为做到这点，"凡汉以前《仓》《雅》古训，皆搜括而通证之"。焦循有"借张揖之书，示人大路"的赞语，极明白，说他给人指路。王念孙不畏"凌杂之讥"，也不惧狂生之嫌，将张揖失误的条目、释义，博综典籍，详加考核，证明失误的原委。即便是圣贤的论见、前贤的观点，只要有误，就参酌各家论说，结合自己的理解，作出正确的判断。在《广雅疏证》中可以找出许多对张揖、先圣前贤诸说析谬辨疑的例证，这都是训诂学的重大研究成果。

王念孙自述疏证《广雅》的方法是："训诂之旨，本于声音，故有声同字异、声近义同，虽或类聚群分，实亦同条共贯……此之不窹，则有字别为音，音别为义。或望文虚造而违古义，或墨守成训而鲜会通……今则就古音以求古义，引申触类，不限形体。"精要在"就古音以求古义，引申触类"，被梁启超视为清儒治小学最成功处，并强调这种工作，高邮二王做得最精最通。高邮二王之所以能娴熟运用此法，因他们身怀两种绝技，一是精辨古音，二是谙熟典籍。其他学者在这两方面则互有长短、强弱之别，或两者兼通，惜精擅不够，未能达到高邮二王如此炉火纯青的境地。同时代的大师段玉裁说：根据文字形、音、义的今与古的区别，可分六类而互求，举一可得其五，用这种方法推演文字的相互关系、解读文字最有实效。只是能有几人做得到呢？他接着说：只有王念孙做得到，而且做得很好，尤其以古音求经义，可称为天下一人。王念孙只不过借《广雅》作载体，证实他的真知灼见。

"袖珍尚书" 童年发蒙

读《广雅疏证》，翻检到卷十时，读者可以发现上篇《释草》《释木》，下篇《释虫》《释鱼》《释鸟》《释兽》的署名是王引之。此书完成于乾隆六十年（1795），这年王引之三十岁。有人怀疑王念孙为了促成儿子早日成名，将自己的著作托名于儿子。其实这是既不可能也无此必要的事。王引之的才识不亚于父亲，姑且不论他的出身是探花郎，也勿论其官至尚书，单就乾隆五十八年（1793）大学者王昶撰《四士说》时对王引之的褒奖，就足以证明这位少年才俊，早为时贤所重。这年王昶解京职南返过扬州，见扬州学人异军突起，钦羡不已，感慨道：五十年来，我交结天下饱学之士，有百十人，尤其是在扬州结交的四士，为我所不及。一是有"扬马之文"的汪中，一是有"曾闵之孝"的刘台拱，另外两个则是有"苍雅之学"的王念孙、王引之父子。"苍雅之学"的"苍雅"，指《三苍》和《尔雅》等文字训诂之书，"苍雅之学"即指小学，即文字、音韵、训诂之学。王引之成名早，治学一本其父念孙庭训，故亦精湛于"苍雅之学"。当时阮元、焦循、凌廷堪等新一代扬州学派人物崛起于东南，声闻于京城，但都未为王昶看中，而唯独对王引之赏识有加，这固然有点附骥尾于其父的因素，但更重要的是他的才识堪负此誉。

幼年丧母的王念孙，是跟着做京官的鳏夫父亲在北京长大的，虽说只过了十一年，但总算有过沐浴着父爱的童年和少年。王引之的童年，父亲正奔走在科场和幕府中，父子无法亲近。因母亲吴氏未足月生下王引之，他一直很瘦弱，难怪日后同僚中流传着他的雅号——袖珍尚书。因此母亲很忧心，对他倍加爱护。五岁从师读书，母亲不加督促，还关照老师不必严责，但他自觉好学。有时老师因有事而停课，他凭顽强的毅力和自学的能力，经常把未曾教的功课掌握住，并就老师的指问，回答得头头是道，惊得老师拍手称奇。有个老仆人，曾是他祖父的随从，现今照管湖滨精舍，见到在此读书的王引之，突然间像回到了青年时代，眼前的少年就像他照料过的老主人，一样的习性，除了读书没有其他嗜好，他竖着大拇指逢人就夸。

王引之十岁那年，做庶吉士的父亲回到高邮独旗杆王府，门楣光大，宗荣祖耀，父享天伦之乐，子得庭训之教，其乐融融。王念孙命引之抄录《童蒙须知》置案头思考，又讲解朱熹《小学》及吕坤《小儿语》，要求儿子在日常行为举止中严加对照，不要犯错，也开始指授经术及八股制艺入门之法，以应科试。王念孙在家满打满算有四年，其间在引之十二岁那年的五月十八日，添了弟弟敬之，家中更加热闹。

引之、敬之兄弟在母亲的照顾下读书，从最初的启蒙，到入塾受业，直至中秀才，皆归功于母亲的教育和关爱。王念孙在为妻子撰写《行状》时，也深情地强调上述评语。

三、父子论学，谈出《经义述闻》

子承父业，勇跨学术、科举双门槛

乾隆四十七年（1782），对王引之来说，是他人生重要的转折点。这年他在两座高楼前，分别踏上了第一个台阶。一是在科举上。此时高邮珠湖书院主讲是吴兴的屠平圃，在高邮极有名望，邑中文士皆师从他。王引之也经常向屠平圃求教八股制艺方面的知识，还与在院中读书的李弼相识。李弼，字梦岩，高邮人。此人参加了十次乡试，皆名落孙山，运气极差。其实他的文章极好，出手又快，于八股文可称为圣手，参加岁试、科试也有十多次，都是名列前茅，他的考卷被作为范文广为传播。日后他带的学生竟有几十人中秀才，或取得功名。这年王引之补博士弟子员，次年赴京入国子监读书，并向更高层次的功名冲刺，这不能不承认他受益于屠平圃、李弼八股制艺的传授。二是学术上。该年王引之正式踏上"小学"这一神秘的圣殿门径。他把自己从事文字、音韵、训诂的心得向父亲汇报，有不懂的就求教。王念孙面对此情大喜，感慨道："是可以传吾学矣！"从这种感慨中可以掂量得出，引之绝非刚起步，而是在小学研究上已有建树。

在国子监学习了四年的王引之，赶上乾隆五十一年（1786）顺天乡试，惜首战失败。虽未能金榜题名，却迎来了洞房花烛夜，二十一岁的王引之迎娶沈氏。惜沈氏逾年而殁，继配范氏，那是后话，不必深述。次年春，王引之返高邮，更热衷从事文字、音韵、训诂之学，取《尔雅》《说文》《方言》《音学五书》认真阅读，朝夕探求。入冬又翻检出戴侗《六书故》、郑樵《六书略》等书，虽未能全部读懂、理解透，但针对谐声这一方面，觉得有些明白，间或有些心得，都陆续记录下来，寄呈父亲批阅。四十八年后的道光十五年（1835），王引之四子寿同清理父亲遗物，发现书箱里有一封寄给祖父的信函，是引之与其父讨论字书中相关字，计十三条。仅此一函即有如此丰富的内容，推想其他，量不在少数，足证引之此时在小学领域已有不凡的成果。

乾隆五十五年（1790），王引之重新与离别四年的皇城和父亲王念孙作近距离的接触。此行，是父亲为儿子的举子业作策略调整的结果。自首次乡试败北，又连失乾隆五十三年恩科、五十四年正科两次机会，思考再三，还是来京请名师指授为好，所以叫儿子拜在德州相国、时为翰林院编修的卢荫溥门下，专攻时文。王引之每得完篇，也时常请父亲批改，父亲有所指示则退而修改，至鸡鸣不辍，催促他睡觉也不理睬，坚持改定才就枕。说明王引之未废举子业，但沉潜古训，痴迷经学、小学也是事实。

王引之见到父亲王念孙，首先交的作业不是八股制艺，而是研究古音韵的笔记。原来他将在家乡数年来读顾炎武、江永、段玉裁小学书的心得，结合父亲《毛诗九经音》的分类，探索古音韵的变化，对其中经过分别门类而彼此互通的都作了归纳，对那些变动无常的也以类相聚，摸清变易的过程和相互的关系。

早在乾隆四十六年（1781），王念孙就见到段玉裁的《六书音韵表》，惜未细考，而自己草拟的"古音二十一部"也未定稿。八年后，这对相仪已久的师兄弟首次聚会于北京，始获把晤的问语，竟是"古音研究得怎么样？"段、王的见解不尽相同，未能形成共识。但王念孙深感欣慰，因为以前遇到的多为话不投机者，而段玉裁是真正的同志加兄弟。

段玉裁发现王念孙案头的《广雅疏证》稿，稍加翻阅，竟爱不释手，细加研读，更惊喜不已。他对人说：经我过目的近人所著有关小学的书很多，但动辄与古韵相违，实因作者不懂古韵所致。而《广雅疏证》引书所述声同、声近通作假借，推测、对照古韵门类，无不相合，可称为天底下最精确的论断。

"如果说段玉裁在文字学上坐第一把交椅的话，王念孙则在训诂学上坐第一把交椅。世称'段王之学'。段、王二氏是乾嘉学派的代表，他们的著作是中国语言学走上科学道路的里程碑。在他们的研究工作中，有许多好东西值得我们继承下来。"当代语言学大师王力用排座位的比方，生动地展示了段、王在中国语言学史上的地位。

段、王首聚的次年，王引之在这种学术背景下来到北京，凭他的"古韵笔记"，被王念孙视为能继家学、能承大业的人才，所以加意导读和传教。父子互动，又打造出另一部学术巨著《经义述闻》。

《周秦名字解诂》饮誉京华

京师是接纳天下才俊的地方，王引之得父亲的关系，兼及自己的活动，结交了许多师友。在复来京师的第一年，他就聆听到钱大昕的指教，还跟从陈昌齐研读《大戴礼记》，又与王绍兰时常往来，但听得最多的还是父亲的指教。王引之是有心人，将庭训详细记录，这个记录本就是有名的《经义述闻》。这本书的卷二十二、二十三收《春秋名字解诂》，原题《周秦名字解诂》，是王引之最早的作品，还不能算完全意义的庭训记录。那是他初入都时，发现一种文化现象，即古人的名与字有互训的关系。他先是在《说文》中屡见引古人名字发明古训的例证，又在《白虎通》中读到"闻名即知其字，闻字即知其名"的论说，使他对周、秦人的名字产生浓烈的兴趣。

王引之认识到："名字相沿，不必皆其本字，其所假借，今韵复多异音，画字体以为说，执今音以测义，斯于古训多所未达，不明其要故也。"做这件寻求字义的工作，王引之把家传绝招"因声求义，不限形体"派上用场，于是核准义类，定以五体。一、同训：予字子我，常字子恒之类，属同义词。二、对文：没字子民，偃字子犯，属意义相反或关联的词句相对为文。三、连类：括字子容，侧字子反，属联系相类事物。四、指实：丹字子革，启字子闲，属指明实事。五、辨物：针字子车，鳝字子鱼，属分辨事物的种类，辨别事物的情况。并据五体测以六例。一、通作：徒字为都，籍字为鹊。二、辨讹：高字为克，狄字为秋。三、合声：徐言为成然，疾言为旃。四、转语：结字子綦，达字子姚。五、发声：不狃为狃，不畏为畏。六、并称：乙喜字乙，张侯字张。

王引之抱着实事求是的学风，对尚未清楚的例证，如"名字相应故训所存，而古义不可周知""伯仲叔季，兄弟之序也，或与字俱称，或即以为字，虽以为字，与命名之义不相比属""《春秋内外传》人名，凡注以某为某，而今未知其审者""《左传》人名有似异而实同者""王肃《家语》所列名字，异于他书者，皆不可信，不敢羼入"等，一一引出，或存疑，或待考，或付阙如，未轻下结论，待博学者考定。日后，王引之的弟子王萱龄得其指教，又热衷于此，用心寻索，撰《周秦名字解诂补》一卷，作了一些补正。俞樾也有《春秋名字解诂补义》一卷。

《周秦名字解诂》在乾隆末就有单行本行世。乾隆五十九年（1794）冬，庄述祖致函王引之，提及收到对方惠赠的《周秦名字解诂》刊本；嘉庆十年（1805）秋，张敦仁写信给王引之，说许多朋友向他索要该书，估计他得到赠本，而引起朋友的争阅，实难推却，求援作者，愿意付钱印刷若干册，满足同好者。这都说明王引之的少作一举成名。

由"名字"起步，进而重点探究十经——《周易》《尚书》《毛诗》《周礼》《仪礼》《礼记》《春秋左传》《春秋公羊传》《春秋穀梁传》《尔雅》，以及《国语》，并对"太岁"作专考。对这本书的著作权，历来有人在这对父子间争辩不休。因为引之承认"过庭之日，谨录所闻于大人者为圭臬，日积月累，遂成卷帙"。引之充其量只是记录者。而书的署名是王引之，更因他据父说"触类推之，而见古人之诂训有后人所未能发明者，亦有必当补正者，其字之假借有必当改读者，不揆愚陋，辄取一隅之见，附于卷中"。说明经过他的再创造和深加工。就全书而言，父子各占一半，应该说是合著。这一合璧来之不易，成书过程中，既温馨又激烈，父子俩针对某条各抒己见，形同水火而争论不休，或某条见解不谋而合，相对大笑。这真是天下少见的天伦之乐。

不为旧说所囿，以汉学家本领辩驳汉学

《经义述闻》是一部珠联璧合、父子合力创作的训诂学专著。它至今盛誉不衰，实缘于学术质量的相对可靠和完善。要达到这种高标准，得力于父子通博，又旨趣相投，而共同确认的学术旨归又极其正确，所以能取得辉煌的成绩。攻坚必需利器，高邮二王的利器是什么呢？自我作古，只能从他们的自述中寻找。王引之在《经义述闻序》中三次提到父说，这三说不但是父子合著《经义述闻》的"工作法"，也是他们一生从事文字、音韵、训诂、考据研究的"工作法"。一说要搞清楚"'古韵廿一部'之分合，《说文》谐声之义例，《尔雅》《方言》及汉代经师诂训之本原"。二说："诂训之指，存乎声音。字之声同声近者，经传往往假借，学者以声求义，破其假借之字而读以本字，则涣然冰释，如其假借之字而强为之解，则诘鞫为病矣。"三说："说经者期于得经意而已。前人传注不皆合于经，则择其合经者从之；其皆不合，则以己意逆经意，而参之他经，证以成训，虽别为之说亦无不可。"

第一说，要求具备文字、音韵、训诂及考据方面的基本功，而这些基本功，是从汉经师手中传承来的，对汉儒的学术成果要熟谙、研究方法要掌握，特别是对古韵分部要有透彻的了解，这样才能做好并深化这项工作。

第二说，重点突出"音近义通""因声求义"。经传中字多假借，通过上述方法，就能破解假借字，寻出本字。但是这种破译要科学，不能硬译，否则弄巧成拙，使文义迂曲难通，反成了毛病。

第三说所指，实为不满吴派惠栋盲目崇拜汉人，由好古、信古而佞古、媚古的墨守成规的治学理念和方法。王念孙未直接点惠栋的名，而是举东汉时大学者郑玄批驳何休作例。何休著《公羊墨守》《左氏膏肓》《穀梁废疾》，郑玄则发《墨守》、针《膏肓》、起《废疾》，加以辩驳，义据通深，推明古训，实事求是。高邮二王治经，拒绝墨守，而是博综典籍，并举各家学术，求是求真。发现字有假借则改其读，纠讹改错，还典籍原来面貌。虽说起家于汉学，执汉学家的家法，但能据实变通，求索真知，不受汉学樊篱所限制。因此在《经义述闻》中随处可见高邮二王对毛亨、郑玄、贾公彦、孔颖达、陆九渊、朱熹等先儒的辩驳；即便对戴震、段玉裁等师友们的错误见解，也一一加以甄别、订正。难怪阮元称赞该书一出，学者再不至于为成见旧习所拘执，而能够看明白古书的本义。阮元接着说，高邮二王搜检出古儒误解的经注，复加旁征博引，间接譬喻，将本义原原本本地告诉读者。又风趣地说：如若这些古圣贤复活的话就热闹了，他们会摸着头脑思忖着，当时怎么就弄错了呢？一定会笑着对高邮二王说："你们解析得很正确，得谢谢了。"

就高邮二王训诂考据方法的科学性及所取得的辉煌成就而言，师兄段玉裁不能与之比肩，师长惠栋、戴震辈也渐显短绌而退让。自晚清至当代，研究高邮二王学术，无不视为重要课题，热衷其训诂、校勘之学，又无不盛赞其海内无匹。然而也产生了一些偏颇之见，以为高邮二王在乾嘉汉学中实达顶峰，而偏古学风也自此始。研究者一直将高邮二王视为皖派语言学支流的领袖人物，持此论而生此错觉则在所难免，又因忽略他们也是扬州学派先导人物和经世派的提倡者、实践者，故而这一错觉一直存在并蔓延着。

本书对高邮二王作为经世派的提倡者、实践者，皆有相关论述。就《经义述闻》中反映的革新思想和求实精神，也颇能说明问题。《经义述闻·周易上》"乾师颐坎既济言勿用"条，载有高邮二王驳斥惠栋说及辩驳荀爽说。荀爽易学是惠栋所崇奉的汉易学派，一个由西汉图谶对《易经》的淆乱。以汉学家的身份批驳汉学，不为旧说所囿，也只有像高邮二王这样的扬州学派人物做得出来，这种革新精神正是以惠栋为领袖的吴派所望尘莫及的。

从《经义述闻》中找正确解读经书的方法

以上述"三说"作利器，高邮二王在《经义述闻》中有许多出色的研究成果。

第一，不主一家，择善而从。

该书卷五"揖我谓之儇兮"条，出自《诗经·齐风·还》。王念孙认为"儇"，《韩诗》作"婘"，"好"义。该诗三章，二章言"好"，三章言"臧"，臧与好同义，因此"婘"也与它们同义。择《韩诗》之长，弃《毛诗》之说。

该书卷三十二"语词误解以实义"条，举《礼记·大学》"人之其所亲爱而辟焉"句，郑玄注："之，适也。譬，犹喻也。言适彼而以心度之。"朱熹注："辟，读为僻。人，谓众人。之，犹于也。辟，犹偏也。……常人之情，惟其所向而不加察焉，则必陷于一偏而身不修矣。"王引之判汉之郑注错，而肯定宋之朱注为正确。

该书卷五"深则厉"条，举《诗经·北风·匏有苦叶》"深则厉，浅则揭"句，先条列戴震的见解。戴震在《毛郑诗考正》中据《说文》"沥"省作"厉"；又据《诗经·卫风·有狐》首章"在彼淇梁"，二章"在彼淇厉"，证桥有厉名；复据《水经注·河水篇》中河上作桥谓之河厉，而证桥有"厉"名，进而推求"深则厉"就是"水深必依桥梁乃可过"。又列邵晋涵《尔雅正义》中所说。邵晋涵认为戴震"专主一解"致误，"厉"当依《尔雅》的训诂，作"以衣涉水"解。王引之在邵晋涵大量论证的基础上，复加搜罗，又增新证，提出己见，肯定邵说。

在《经义述闻》中，高邮二王不但采撷前贤论见，同时也注重清初及同时代人的见解，无门户之见，择善而从。如采用了臧琳、钱大昕、李惇等学者的见解，甚至还将学友间的论学信函完整地收入书中，以示学术大公，如宋翔凤致王引之书，丰富了该书的内容和价值。

第二，博综辑考，自出机杼。

该书卷十四"三赐不及车马"条，举《礼记·曲礼上》"夫为人子者，三赐不及车马"句。郑玄注："三赐，三命也。凡仕者，一命而受爵，再命而受衣服，三命而受车马。受车马而身所以尊者备矣。卿大夫士之子不受，不敢以成尊比逾于父；天子、诸侯之子不受，自卑远于君。"王引之未把汉儒经说奉若神明，而是根据掌握的资料和理解程度，作出自己的判断："经言三赐，不言三命。郑谓三命不受车马之赐，非也……赐犹予也，谓为人子者不敢以车马予人也。《尔雅》：'予，赐也。'是'赐'与'予'同义。言'三赐'者，多予之辞……赐予虽多，不及车马，不敢自专也。《坊记》曰：'父母在，馈献不及车马，示民不敢专也。'是明证矣。"

第三，以古音求古义。

这是高邮二王最经典的工作法，固然在《广雅疏证》中有极致的表现，在《经义述闻》中也有不同凡响的应用。王引之再三引父说中皆以此为大旨，该书卷三十二"经文假借"条中更有精湛的阐说："许氏《说文》论六书假借曰：'本无其字，依声托事，令长是也。'盖无本字而后假借他字，此谓造作文字之始也。至于经典古字，声近而通，则有不限于无字之假借者。往往本字见存，而古本则不用本字而用同声之字。学者改本字读之，则怡然理顺；依借字解之，则以文害辞。是以汉世经师作注，有'读为'之例，有'当作'之条，皆由声同声近者，以意逆之而得其本字。所谓好学深思，心知其意也。然亦有改之不尽者，迄今考之文义，参之古音，犹得更而正之，以求一心之安，而补前人之阙。"其下王引之列举不下二三百条实例证明。如借"光"为"广"，误解为"光明"之"光"；借"有"为"又"，误解为"有无"之"有"；借"蛊"为"故"，误解为"蛊惑"之"蛊"；借"辩"为"骗"，误解为"分辨"之"辨"。如此等等，不一而足。

阮元曾想将本朝学者解读经书的论说，条分缕析，加以剪裁，引系于各章句之下，编成一部《大清经解》。他首先想到戴震解《尚书》"光被四表"为"横被四表"，则系于《尧典》，可见是个很经典的例子，就此条看高邮二王是怎样分解的。此条见存《经义述闻》卷三中。王引之见《戴震文集》中《与王内翰凤喈书》，用古音求古义的方法，对"光被四表"的"光"字推为"广"字，深以为正确，全文引用戴说。并指出光、桄、横古同声而通用，并非转写讹脱而为光，三字皆充广之义，不必古旷反而后为充。就此他从许多典籍中搜罗到许多例证，来证实以古音求古义的正确性。

各家对《经义述闻》的评价

高邮二王说经最为精确，《经义述闻》博大精深，"陵越汉唐"，自他们而后，近二百年来几乎无人超越。就连竭力攻击汉学的方东树也不得不承认"近人说经，无过高邮王氏。《经义述闻》实足令郑（玄）朱（熹）俯首，自汉唐以来，未有其比也"。章太炎赞道："陈义精审，能道人所不能道。"

高邮二王的学术完全建立在推明古训、实事求是的基础上，不勉强作解。《经义述闻·通说下》归纳出十二条"规范性"的案例，其中关于辞例的五条，在《经传释词》中得到解析和应用。其余如"经义不同不可强为之说"一条，提供了研究古代历史及典章制度的方案，但未轻下结论，没有不懂装懂，妄下雌黄，而是给后人作启示，留下更大的研究空间。杨向奎认为王引之虽不能解答，却提出问题，又不强为说合，是极卓识的做法。

杨向奎是当代极富学养又实事求是的学者，他看到裴学海《评高邮王氏四种》一文时，发现该文对"王氏四种"中的缺点逐字评论，内容为：（1）忽于审证，校释不妥；（2）对于语法未窥全豹；（3）对于语言缺乏历史观点；（4）正误不得其当；（5）训施不恰破字失宜；（6）对音韵有所局限。当代无论是考据，还是训诂、音韵，比乾嘉时代进步许多。但就裴学海对高邮二王的批评，杨向奎针锋相对地在许多条目上作案例判断：王说不误，裴说误。总觉得裴学海用力多而成功少，况且方法片面，断章取义，没有超过高邮二王所处时代的水平。出于公心，杨向奎强调不能以现代的水平来估价高邮二王。可以说高邮二王如果在今天，他们的成就不会低于高本汉或李芳桂，而现在的人，生活在乾嘉时代，学术成就不一定赶上王念孙，因为王氏无论在训诂考据，还是在音韵学上，其成就都是当时的顶峰。王国维说："故即王（念孙）、江（有诰）二家部目，谱而读之。非徒补诸家古韵声之所未详，亦以证国朝古韵之学之精确无以易也。"针对王国维的评议，杨向奎感慨道："国学大师尚如此作论，我们不能对乾嘉时代的国学大师作不负责的评论。"

学无止境，尤其是文字、音韵、训诂、考据学的特殊性，不可能一蹴而就，更无法一劳永逸。就校字而言，尚有扫落叶的比喻，扫了一批又落一批，何况上述综合性的工作是何等难做。今人在高邮二王的基础上，取得新的突破，也修正了他们许多舛误。当代学者张永言在研读《经义述闻》时就发现一些不恰当或舛错之处，他归纳为四方面：原文可通，而用"破读"，多此一举；常义可通，而求别解，弄巧成拙；过求一律，强此从彼，混淆视听；过求偶俪，滥用"对文"（广义），无中生有。著名学者许嘉璐精研《经义述闻》，受益良多，也颇有创见，在感叹该书彪炳百年、盛誉不衰的同时，虽不敢轻率非议前哲，但还是抱着实事求是的态度，做高邮二王学术上的诤友，指出该书不足之处：一为轻言假借，遽改古书；二为以今律古，失于破碎；三为执偏概全，略欠融通。

这项工作实在太难做了。嘉庆二年（1797）三月二日，王引之自序《经义述闻》，可视为该书完稿，也很快有该年刻本行世。但高邮二王对此书的修订，终其一生并未停止。日后经阮元中介，卢宣旬校刻，有嘉庆二十二年江西本，惜舛错颇多，深为高邮二王不满。所以重加修订，又耗十年之功，于道光七年自刻于北京，称为足本。今以嘉庆本与足本对校，会发现两种情况：一是前考凡是证据不足、阐说不清晰、解析未妥帖的内容都删削了，作了一定量的校改与修订；二是足本所录父说大体具在，而子说则所缺尚多，可证王引之先录庭训，后陆续增写自己的见解，加以完善。总而言之，《经义述闻》自行世后，高邮二王在不断修订，后来又有俞樾、孙诒让等大师的订讹，尚有上述张、许等当代大师的纠谬，更有无数新一代学者的剔抉爬梳，去伪存真。但有一点是肯定的，高邮二王创立的以声音通训诂，打破汉字形体的约束，因声求义等一系列的方法，确实是中国小学研究和考据学上的一大突破。

四、阮元与高邮二王的关系

阮元与高邮二王——亦师亦友

乾隆五十一年（1786）十一月十九日，京城来了位扬州举子，寄宿于前门内西城根，他就是日后成为九省疆臣、三朝阁老、一代大儒的阮元。次年，阮元应会试，惜名落孙山。所幸只等了两年就迎来己酉科会试，中了进士，还被选为庶吉士。散馆时又被钦点一等第一名，随后荣任三品官阶的詹事，成为翰林院的要员，直至乾隆五十八年出任山东学政。这七年京师生活，阮元既有落第的愁、丧妻失女的悲，也有摘桂、升迁的喜，而他自己认为最有意义的莫过于结交高邮二王。

阮元刚抵京，就拜望年长他二十岁的同乡前辈王念孙。阮元久闻其大名，一直未得面聆教诲的机会，实因王念孙在家乡时虽与汪中、江德量等郡城中学人多有来往，而当时的阮元尚是十四五岁的小孩，怎能接近这些高贤？此时的阮元则是名闻京扬的少年才俊，已为学者型京官翁方纲、谢墉所赏识，当然也为前辈王念孙、任大椿所耳闻。王、阮首次见面的激动一刻，出现在京师王宅寿藤书屋。在随后的日子里，阮元问学于王、任，惜任氏三年后辞世，未得更多的指授，而与王氏则保持长达四十六年的学谊。

阮元刚见到王念孙，就被眼前面容清癯、貌似老朽，但神情坚毅如石，并散发着无穷活力的长辈所打动。他将多年来的想象与活生生的人对比着，有了新的认识，觉得这位长辈号"石臞"太传神了。王念孙与阮元交谈数语，已知学识不错，又略加考问，见所答畅达而有新意，值得教，就很高兴地传授小学。阮元到了晚年，还深情地回忆说：我稍知文字、音韵、训诂，受益于王念孙的指教。除小学而外，遇到不懂之处，随时请问，皆得到教导，所学不局限于小学。其实阮元并没有正式拜在王念孙门下，但一直以老师尊之。

阮元于仲冬来京，王引之在次年春返乡，虽未见他俩来往的记载，但可以断言他俩始交于这段时间。像阮元跟王念孙的关系一样，王引之虽学于阮元，但并非其入室弟子。王引之之所以于阮元称弟子，实因他中进士时，阮元是选拔他的副主考官，例称门生。阮元知识面宽、交游广、出山早；王引之虽仅小阮元两岁，但也确实受益于阮元的某些指教。后人评说高邮二王与阮元关系时，都认为阮元是王念孙的学生、王引之的老师，这仅是表面现象。实际上他们没有停留在这种表面关系上，如阮元致函王引之时，称谓不是仁弟就是年兄。三人真实意义上的关系是亦师亦友，而且这种关系普遍存在于扬州学派人物之间。这种关系太有意思了，相互间不摆谱、不拿架子、不计得失、谦和包容、相互提携、互为师友。这种学友关系是创造出最佳学术氛围的主要条件，也正是扬州学派能在乾嘉学派中脱颖而出、登上极顶、成为集大成者的根本保证。

乾隆五十五年（1790），王念孙加紧撰写《广雅疏证》，复来京师的王引之成了父亲的助手，不但获得问学的机会，见闻日增，而且成就了一部巨著——《经义述闻》。在这个进程中，王引之研读、演绎《尚书》时，发现许多发句、助句，前人以实义诠释，往往迂曲难通，觉得有很多规律可循，但又把握不定，只悄悄地搜讨并研究着。

高邮二王的小学研究，在京师刮起了一阵旋风，跟风最积极的要算阮元、朱锡庚、孙星衍、马宗琏等学界新人。他们相约编纂一部汇集唐以前训诂资料的书籍，就是日后阮元在浙江学政任上完成的《经籍籑诂》。谈到此事，说来话长。朱筠早在安徽学政任上就打算编纂此书，推想他依赖的助手，仰仗的才力，唯王念孙为首选。惜朱筠离任，放了一响空炮，但这炮声却久存在热心于此事的学人心中。现今王念孙正在京师，而朱锡庚正是朱筠的儿子，想想这伙人做这件事，无不与王念孙头脑里回荡的那声炮响有牵连，又无不与王念孙的推力有关。

阮元给王引之提了个好建议

阮元与高邮二王的关系和影响是双向的、互动的。时至乾隆五十七年（1792），阮元获读王引之撰写的"经训"数十条，即《经义述闻》成书前的散稿时，眼前一亮，认为条条精确，皆是不可磨灭的锐见卓识，王引之堪称真正能读书的人。尤其令阮元惊叹不已，视为最精美最有特色的，是王念孙所诠释的虚字十余条，鲜活有趣，从未见识过。阮元觉得今日学人推明古训、实事求是的日多，但是皆以训诂实词为主，对虚词并未用功，更谈不上细加辨识，给予确切的解释。他打算著《词气释例》一书，凡经典中用词气体例，逐一解释本训，又以经典中向来注、疏误会的附在下面，如"之乎也者"，一概全载，首以《说文》《尔雅》，以及子史中可证明的也加以旁通。他曾见到吕祖谦《东莱博议》卷末曾附解释虚字文意一卷，可惜太浅陋，但可以参照此例来做，此举有助于读书人，是件极有意义的事。然他因苦于近时遭妻、女两丧，哪有心思做此事，也觉得即便做也绝没有王引之做得优秀，所以在这年十二月写信给王引之，将上述见解函告，建议他撰著此书。这就是《经传释词》。二十七年后，阮元在赣州舟次为《经传释词》撰序时，还提到当日读高邮二王解经释词之说，每当疑窦消弭，茅塞顿开而大喜，所以劝王引之撰写此书的事。

王引之阅读《毛诗》"终风且暴"、《礼记》"以此若以义也"这些条目时，深为父亲发明意旨、涣若冰释的解析而钦佩不已，奉为不易的准则。于是遵循此法，加以引申，分字编次，成《经传释词》十卷。阮元也念念不忘聆听"终风"等论说，突然间明白以前无法理解的知识，而笑逐颜开。这都是从王念孙那里拓展出来的。

王引之对九经、三传及周、秦、西汉各种典籍遍加搜讨，凡是助语之文，皆细心甄别，搜罗殆尽，计得虚词一百六十个，并以唐释守温三十六字母为序，加以分类，编撰成《经传释词》。该书对前人没有认识到的虚词加以增补，误解的详加辨正。其用心是探究古人用字的真实意义，以备学者采择。所以无论是误虚为实，还是误实为虚，都要寻出规律，认真考证。对此王引之在《经传释词自序》中有精辟的论述。他说自汉代以来，经学家的小学研究，重视实词的训诂，忽略虚词的存在，对虚词不加研究，未能辨识它真实的表述意。如将虚词误作实词，以实义解释，结果与文辞格格不入，无法表达正确含义。

这篇序言，也可称为序例，它列举了许多具有代表性的误虚为实和误实为虚的经典实例，并指出因误解而致"文义不安"的情况。同时就具体的虚词指出它的分类和相依托的关系，其中就用了"叹声""发声""语助""发声与承上之词""发声与转语""不定之词""承上之词，而又为语助"。日后钱熙祚刻《守山阁丛书》，将《经传释词》收入其中，并作跋论述其书，就参照王引之自序，对该书列虚字分作四类，作了进一步的肯定。王引之科学分类，精确考证，对自己的著述很自负。他满怀信心地说："揆之本文而协，验之他卷而通。虽旧说所无，可以心知其意者也。"

《经传释词》未设置凡例，但自序中所述分类的用心，已聊表此意。再说王引之虽然意识到虚词的研究必须深入到辞例的探索，注意使用修辞方法，但毕竟是"训诂派"，所以他的操作方法不外乎在设立条目后，作义项分列，阐明意义，说明方法，排比例证，再追踪它的原典和演变。细审全书，不得不叹服其体例完备，训释精当。阮元欣喜地说，读书人有了这本工具书，就容易读通各种典籍，绝不会出现悖谬于经传的错误。

五、辨虚证实的杰作——《经传释词》

承前启后的《经传释词》

中国最早研究虚词的书是元代卢以伟的《语助》，其后有清人袁仁林的《虚字说》。

康熙五十年（1711），就在袁仁林《虚字说》成书的次年，刘淇的《助字辨略》行世；待到嘉庆三年（1798），王引之著《经传释词》火爆出场；时至光绪二十四年（1898），马建忠的《马氏文通》风靡于世。稍作梳理，就知道中国语法学创立于清代，先是袁仁林、刘淇奠定了文言虚词研究的基础；接着王引之将虚词研究拓展到辞例的探索；最终马建忠参照西法，将中国语法学从辞章学、训诂学中剥离出来，成为独立的学科。其间，王引之被设置在承前启后的位置上，而他也实至名归。

当代学者于文祖曾将刘淇《助字辨略》与王引之《经传释词》加以比较，指出王引之着眼于"经传"，引例断代于西汉，刘淇的视野开阔，下逮唐宋，并将诗词与"经传""史汉"同等看待，认为这是刘比王高明之处。王书还有一点为人诟病的是，对于容易读懂的"常语"一律略而不论，遗漏了许多重要的词和词义；而刘淇书则兼收并蓄，力图一网打尽。为此笔者不得不为王引之解释一下：一是王引之撰述此书时，有一明确的定位，诚如自序中强调的"易晓者则略而不论"；其二是他所处的时代，他所服务的对象并非今人，即便是知识分子，倘若不是研究语言学的，也不一定能读懂那时所认为简单易懂的字词，所以不能以今日的需求对照往日的标准；三是当时风气使然，认为唐宋以后的多为常见易懂，兼及敌视宋人篡改之弊的极端情绪，所以弃而不取，将研究的重点全落在汉、先秦古文字。所以不能绝对地将这方面的问题视为该书的缺点，更不能说成作者的严重错误。

于文祖毕竟是位阅历不凡的睿智者，他还是高度评价王引之是"明训诂"（辨别实词的意义）、"审辞气"（了解虚词的作用）的兼能者。他认为王引之的研究方法是比合许多同类型的句子而又贯串上下文义来推敲，已经具有某些语法观念，比刘淇孤立地从一个句子出发来研究，结论可信些，成就也加大，因此更能得到后人重视。

另一位学者张永言综察王、刘两书，认为就水准而言，《经传释词》较为详赡精确，而《助字辨略》则间有疏失。他举例说：《助字辨略》卷一释"终"，不知"终"可作关联词，有"既"义；卷三释"有"，不知"有虞""有夏"之"有"是没有实义的词头，而误作动词"抚有"。当然《助字辨略》与《经传释词》出门同轨的也不少，尚有个别地方超过《经传释词》。前一方面的实例，可见杨树达《助字辨略跋》；后一方面的举证，可阅刘毓崧《助字辨略跋》。

启迪来者，一方面促使续修，另一方面是触发辨讹纠谬。

任何一部书绝非足金，不纯之处在所难免，像王引之写的《经传释词》也有瑕疵。章太炎认为高邮二王精研训诂，所到冰释，无可非议，无懈可击。王念孙苦心寻绎，积六十年，得之不易，言之有据。章对王引之似有微词，认为他继承父业，与艰难构造的父亲不可同日语。《经义述闻》诚多精诣，但其改易旧说，也有似是而非，或可改可不改的。特别提到《经传释词》和晚年补写的《语词误解以实义》，评议其说骤听之，虽宿儒无以自解，实际上书中"鲁莽灭裂处亦多，肆意造词，视为习惯，且有旧解非误而以强词夺之者，亦有本非臆造，而不能援古训比声音以自证者"。所以撰《王伯申新定助词辩》，作辩驳若干条。做这种事的绝非章太炎一人，只要出于公心，并非标新立异，炒作自己，勿论识见正确与否，总是能推动学术进程，有益于学术的，可以说《经传释词》起了启迪作用。

《经传释词》科学的分类和释词方法

刘淇在《助字辨略自序》中将虚字分为三十种，成为小学史上一项开创性的工作。不过这一成绩很快被王引之推翻了。据钱熙祚总结，《经传释词》只归纳为六种，显得更科学、更精确、更简练。其例类一是"常语"，如"与"字条：郑玄注《礼记·檀弓》曰："与，及也。"常语也。"以"字条：语词之用也。《尚书·尧典》曰："以亲九族。"是也，常语也。二是"语助"，如《左传·昭公十七年》"其与不然乎?"《国语·周语》"何辞之与有?""与"字皆是语助，无意义之类。三是"叹词"，如《尚书·大诰》"已，予惟小子"，《诗经·齐风·猗嗟》"猗嗟昌兮"，"已""猗"皆叹声之类。四是"发声"，如《易经·系辞下传》"於稽其类"，《尚书·尧典》"於予，击石拊石”，《诗经·大雅·灵台》“於牣鱼跃”“於论鼓钟”，“於”字亦无意义之类。五是"通用"，如“粤”字通“越”，“员”字同“云”之类。六是"别义"，如："与"为"及"，又为"以"、为"为"（平声）、为"为"（去声）、为"谓"、为"如"；"以"为"用"、为"由"，又为"谓"、为"与"、为"及"、为"而"之类。今日语言学者的研究又超越了《经传释词》中的分类，但作上述的概括，在当时算是十分精当的了。

钱熙祚在《经传释词跋》中，归纳该书探索词义的方法有六种：

一、举同文以互证。如据《左传·隐公六年》“我周之东迁，晋、郑焉依”，《国语·周语》作“我周之东迁，晋、郑是依”，证"焉"之犹"是"。

二、举两文以比例。如据《战国策·赵策》“与秦城何如不与”，同《战国策·齐策》“救赵孰与勿救”比照，证"孰与"之犹"何如"。

三、因互文而知其同训。如据《礼记·檀弓》“古者冠缩缝，今也衡缝”，《孟子·尽心上》“孩提之童，无不爱其亲者；及其长也，无不知敬其兄也”，证"也"之犹"者"。

四、即别本以见例。如据《庄子·大宗师》“莫然有间”，《经典释文》本亦作“为间”，证"为"之犹"有"。

五、因古注以互推。如据《春秋公羊传·宣公六年》何休注“焉者於也”，证《孟子·尽心上》“人莫大焉亡亲戚君臣上下”之"焉"当训"於"。如据《孟子·滕文公上》“夫滕壤地褊小，将为君子焉，将为野人焉”，据赵岐注“为，有也”，证《左传·僖公三十三年》“何施之为”，《左传·成公二年》“何臣之为”，《左传·成公十二年》“何福之为”，《左传·昭公元年》"何卫之为"，《左传·昭公十三年》"何国之为""何免之为"，等等，诸"为"字当训"有"。

六、采后人所引以相证。如《老子》十三章中"故贵以身为天下，若可寄天下；爱以身为天下，若可托天下"句，为《庄子·在宥》篇引用时，作"故贵以身於天下，则可以托天下；爱以身於天下，则可寄天下"，证"於"犹"为"。

齐佩瑢撰《训诂学概论》时，也属意于《经传释词》，颇多创见。他在摸清钱熙祚归纳的六种探究词义的方法后，意犹未尽，也增补四种。一是对文，二是连文，三是声转，四是字通。这四种方法也是常用的训诂方式，对于《经传释词》这部训诂书，这四种方法为王引之所掌握，是得心应手的事。再如高邮二王的绝活"参之古音""以意逆之而得其本字"，在该书中也加以应用。诚如著名语言学家王力在《中国语言学史》中说："王引之在《经传释词》中，虽没有明显地主张声近义通，实际上仍然贯彻了这个原则。试看他的词条安排：卷一、卷二是影喻母字；卷三、卷四是影喻晓匣母字；卷五是见系字；卷六是端系字；卷七是来日母字；卷八是精系字；卷九是照系字；卷十是唇音系字。这绝不是为了检查的便利，主要是为了体现声近义通的原则。""在王引之的时代，尚未有喻母四等应归舌头的发现，所以他把喻四排在卷一、二、三、四。""影母和喻三的虚词跟喻四的虚词相通的说法不是十分牢靠的，倒是喻四跟舌齿音相通。"这些问题为王力发现并解决了，使虚词的研究向前推进了一大步。

《经传释词》的释例和影响

高邮二王撰写的书，随意选哪一部，都能看到父子讨论的内容，推想得出其中的争辩，更多的是合作中的愉悦。行文中随处可见的"家大人曰"，想象得出王引之写下这四个字时的感慨和振奋。

对《诗经·国风·终风》"终风且暴"句的研究，是王念孙最得意的成果之一。王引之在《经义述闻》卷五载其父说："《毛诗》曰：'终日风为终风。'《韩诗》曰：'终风，西风也。'此皆缘词生训，非经文本义。终，犹'既'也，言既风且暴也。《燕燕》曰：'终温且惠，淑慎其身。'《北门》曰：'终窭且贫，莫知我艰。'《小雅·伐木》曰：'神之听之，终和且平。'《甫田》曰：'禾易长亩，终善且有。'《正月》曰：'终其永怀，又窘阴雨。'"又在《经传释词》卷九"终众"条中重申上述外，又补父说："僖二十四年《左传》注曰：'终，犹已也。'已止之已曰终，因而已然之已亦曰终，故曰词之既也……终与既同义，故或上言'终'而下言'且'，或上言'终'而下言'又'。说者皆以终为终竟之终，而经文上下相因之指，遂不可寻矣。"王念孙意犹未尽，他掌握的知识太多了，又增上三例。王引之在补完父亲的论见后，接这个话题讲了一个释词错误引起的笑话：毛亨在解读《诗经·国风·载驰》有"许人尤之，众稚且狂"句时，不知借"众"作"终"，以为是众人幼稚且狂妄的意思。这样解释就叫人发笑，难道许国的大夫个个皆幼稚狂妄吗？这类纠正以虚为实的错误，在《经传释词》中还能找出许多例证，不必在此一一罗列，但至关重要的一点是，他教会人们掌握此法，解决包括《诗经》在内的许多典籍中的疑难词义。

身为"训诂派"的王引之，不弃修辞，也致力于辞例的探索，可从《经传释词》中寻得他求索的踪迹。王引之在《经义述闻》卷三十二《通说下》中举训诂通则十二条，其中有关辞例的就有五条。他在每条下以按语的形式加以说明，其用心是让人清楚他掌握的方法；其下条举若干古书中的疑义例证及甄别后得出的正确结论。这五条是：（1）语词误解以实义。案经典之文，字各有义，而字之为语词者，则无义之可言，但以足句耳。语词而以实义解之，则扞格难通。（2）经传平列二字上下同义。案古人训诂，不避重复，往往有平列二字、上下同义者，解者分为二义，反失其指。（3）经文数句平列，上下不当歧异。案经文数句平列，义多相类，如其类以解之，则较若画一，否则上下参差而失其本指矣。（4）经文上下两义不可合解。案经文上下两义者，分之则各得其所，合之则扞格难通。（5）上文因下而省。案古人之文，有下文因上而省者，亦有上文因下而省者。

在第一条按语下，王引之还特别提及所作《经传释词》已详著，只是将前此编次所未及收录的内容补载其下。此话证实两件事：一是《经传释词》除辑入大量训诂案例外，也收录了为数不少的修辞案例。二是对照《经传释词》修订并刻印于嘉庆二十四年（1819）、《经义述闻》重刻于道光七年（1827）的实况，可证前述《通说下》"语词误解以实义"中补载《经传释词》未备之说成立，所举例证皆增补于嘉庆二十五年至道光七年间，说明此时王引之对辞例的研究更加意识化。

《经传释词》出版后，受到广泛的好评，清代著名学者胡培翚称赞"是书专释语词虚字，辟前古未有之途径，荟萃众解，津逮后人，足补《尔雅》之阙"。后继者更不乏其人，如孙经世的《经传释词补》《再补》、吴昌莹的《经词衍释》，虽未能超越王氏，但也算衣钵传人，后继有望。待到俞樾《古书疑义举例》出，更把王引之的辞例研究推上一个新台阶。俞氏书又得刘师培、杨树达等人的续补，马叙伦等人的校订，也是添花作锦。还有黄侃、杨树达不但熟读此书，还分别在所读书的天头上写下大量批语，展示深悟的体会，同时黄氏有《经传释词笺识》鸿篇，杨氏有《词诠》巨著，已是更上一层楼。更有我国第一部语法学巨著《马氏文通》问世，马建忠在其兄马相伯的帮助下，使我国小学向现代语言学转轨，立下了不朽的功勋。回首这一切，不应忘记承前启后者王引之的功劳。

能读父书、能交父友的少年才俊

稳坐金銮殿已届六十年的乾隆帝，想想祖父康熙帝在位六十一年，觉得不可超过这个年限，准备次年归政嗣皇。在这个值得庆贺的大吉之年，各类庆典颇多，无须细讲，但该年恩科乡试值得一提，因为王引之赶上最后这班车，在顺天考区高中，成了"乾隆举人"。次年嘉庆帝登基，又逢恩科会试，王引之未能联捷，待他成为探花郎时，已是嘉庆四年的事。

自王引之二次入京到中举，前后六年，父子生活在一起，其乐融融；更欣慰的是在乾隆五十七年（1792）十月初三日，王念孙长孙、王引之长子寿昌出世。次年，王引之又得长女，又次年，次子彦和出生，越年又生三子寿朋，四年之内，单传的王念孙连得三孙男、一孙女，孙辈绕膝，尽享天伦之乐。

这六年也是高邮二王冲刺《广雅疏证》《经义述闻》《经传释词》三书的时期，父子俩遵照课程定额，日有所获，同时加大与众师友的交流，集思广益。高邮独旗杆王家，治《尚书》最精，到王引之已传了七代。乾隆五十五年（1790），王引之面聆庭训，受教最多的就是《尚书》，敝帚自珍，将心得辑集，就是《经义述闻》卷三、卷四的未定稿，初名《尚书古义》。在父亲的鼓励下，他誊抄了几份，分送几位前辈审核。

汪中见到《尚书古义》，发觉相关词条的训诂多有独到之处，惊叹不已，感慨道：此儿能读父书，我得一知己。汪中是什么人？王念孙的书易读吗？与汪中成学友是易事吗？这一问就知道不是简单的事，而王引之够资格。汪中论英雄时，举当代通儒仅得八人，而高邮二王名列其中。汪中受赠此书，为奖励这位晚辈，特意将收藏的古玩精选唐砚一方赠王引之，以示郑重，又在砚匣上镌刻"汪中寄赠挚友怀祖之子伯申"款识。汪中看看还觉得不足以表达对这位晚辈的器重，又撰写楹联一副赠王念孙，写道："清节王阳仍令子，《说文》许慎有功臣。"

可称为通天教主的翁方纲，在京师学坛的地位极高，与扬州学人、艺人关系极密，举阮元、凌廷堪而言，皆早已为翁方纲所赏识，并接纳门下。王引之虽无阮、凌与翁氏那样的关系，但是翁氏是他的父执，往来很密切，他也曾将《尚书古义》呈翁氏斧正。翁方纲在小学上的功底，不见得超过这个后生，我们可推想他频频拍案称好、被此书征服的情景。待到王引之中进士时，两位副主考官阮元、文幹皆是翁方纲的弟子，按辈分排，他就成了翁方纲的再传弟子。循例新科进士还得拜谒太老师，所以文幹就携带一批新科进士拜望翁方纲，相见时大家谈笑风生。当时一同拜谒的同年很多，翁方纲与大家稍作招呼后，竟独自与王引之攀谈起来，经史百家，无所不及，竟不知疲倦，把其他人忘得一干二净。从这组镜头可见翁方纲放下前辈之尊的架子，王引之也尽除晚生之卑的拘谨，一对忘年交，活像同窗共研的学友。

王引之经阮元介绍，与庄述祖结识，这三人间的学术交流，是扬州学派与常州学派最早的接触。庄述祖（1751～1816），江苏武进人，是常州学派祖师爷庄存与的侄儿，能传其学，著有《夏小正经传考释》《尚书古今文考证》等。

乾隆末年，阮元视学潍县时，与知县庄述祖交谈，获读《尚书》数条，极为精确。阮元将此情函告王引之。此前阮元曾将吴中珩《广雅》本寄给王引之，供其父子疏证作参考，此刻通报近作《尔雅名义考》《毛诗补笺》两书及《释且》一篇。在《释且》中，阮元讲"且"与"祖"同义，同训为"始"，是受王念孙训诂"终风且暴"，而归纳出"既×是×"句式启发下的收获，反过来为王念孙的论断加证。

乾隆五十九年（1794），庄述祖被推选为才识和吏治俱优的卓异官员，获得乾隆帝召见的殊荣。借这个机会，他带着阮元的荐书在北京拜望高邮二王。王引之与庄述祖相见恨晚，对双方感兴趣的《尚书》谈得十分投机。王引之将所著《周秦名字解诂》刊本赠庄述祖，还附上《〈说文〉古文续字》，并求教《尚书·梓材》等条训诂。庄述祖于该年冬寄函王引之，称赞他对《〈说文〉古文续字》的疏证，释义极其精确。

六年来，王念孙虽与当代学者卢文弨、刘墉、纪昀、王昶、程瑶田、姚鼐、翁方纲、段玉裁、汪中、刘台拱等人多有往来，但精力全倾注在《广雅疏证》上，交游事琐，著书事简，此处不作笔墨。从上举王引之交游数事，可窥高邮二王在学界的影响。王引之的作为确实令世人瞩目，难怪大学者刘墉亲撰并书题楹联"好学深思，心知其意；聪颖特达，文而又儒"赠送这位少年才俊。

第 4 章

从"倒和"诤臣到被勒令退休的"罪员"

一、刚直睿智的父子兵扳倒和珅

"王氏四种"相继问世，一场政治风波来临

过了乾隆六十年（1795）的除夕夜，迎来新年正月初一日，高宗弘历举行授受大典，禅位于仁宗颙琰，改年号为嘉庆。王引之撰《太上皇帝纪元周甲授受礼成恭纪颂十八章》。三天后，嘉庆帝在宁寿宫皇极殿举行千叟宴，预贺太上皇乾隆帝圣寿八十六岁，兼祝授受大典。此时王引之又作千叟宴诗若干首。国庆家庆同庆，高邮二王也迎来最大的喜事：王念孙翻阅着去年岁尾刚完稿的《广雅疏证》，赶着正月的种种热闹，扬扬得意地写着自序。王念孙看似谦虚，却不无自豪地说："以燕石之瑜，补荆璞之瑕。"说的是宋国一个愚人获得的燕石虽不足为奇，但它美玉般的部分，足以补楚人卞和在荆山所得璞玉的缺陷。他郑重宣布："张君（揖）误采，博考以证其失；先儒误说，参酌而寤其非。"《广雅疏证》是王念孙倾注心血的

作品，但他更看重精心培养的能传己学的儿子王引之，所以抑制不住喜悦的心情，为保存儿子的论说，故辑集置放在最后一卷。

好戏连台，王念孙刚完成《广雅疏证》就开始了《管子》的校勘，这是他的另一部巨著《读书杂志》的发轫之作。次年三月初二日，王引之自序《经义述闻》；又次年的二月初一日，又自序《经传释词》。虽说日后两书尚经过二十余年的删改、增补，有更为完善的修订本刊刻行世，但是嘉庆初的自序和初刻本，却是阶段性成功的见证。《读书杂志》也是王念孙终其一生为之奋斗的事，直到停止呼吸的前一刻，他还在思考着该书的进程和归结。父子奋斗终生，创造出被语言学界誉为伟大工程的"王氏四种"之《广雅疏证》《读书杂志》《经义述闻》《经传释词》展现在世人面前时，治此学者无不佩服得五体投地。王力说高邮二王在语言学方面的成就尚在《说文》四大家段玉裁、桂馥、朱骏声、王筠之上。高邮二王的"最大优点是不从《说文》出发，不拘泥字形，一切以语音为准。这样可以避免前人所犯的两种偏差：第一是抓住一个字的意符不放，无论如何牵强附会，总要求讲得通；第二是只知道拿字形相同或相近去证明字义相近，而不知道在字音相同或相近的时候，即使在字形上没有联系，在字义上也是可以相通的。这种方法是很科学的"。后人美誉的"段王之学"就是指"王氏四种"和段玉裁的《说文解字注》。

因乾嘉盛世而出现乾嘉学术，因乾嘉学术而推进乾嘉学派的出现，这个自下而上自由组合的松散型学术团体，是后人客观地理顺各种学术关系后日渐清晰的。以两朝年号冠首，很大程度地显示跨越时空的久远，而以它的团体成员吴派、皖派、扬州学派、常州学派和北方一派的互动，则把江南板块与京师连接起来，可见其覆盖之大，辐射之广。这一产物是乾隆帝以十大武功自诩，更以稽古右文、倡导文教炫示的最有力的佐证。

时至乾隆朝晚期，盛世文治的太平景象背后，一场巨大的危机正萌发着，乾隆帝的禅让，使这场危机更趋复杂。此时在宫禁内外、朝野上下发生的事纷扰繁杂。提纲挈领，拣重要的说：在乾隆帝执政时，就因十大武功的军费开支和六次南巡的铺张浪费，已造成严重的经济危机；晚年的乾隆帝神志人衰，又大权独揽，即便做了太上皇也依然如故；权臣和珅擅权，乘机瞒上欺下，干出种种不法的勾当。

王念孙自乾隆五十三年（1788）出任陕西道监察御史始，于五十八年升任吏科给事中，直至嘉庆四年（1799）三月，皆充谏官，同隶属于都察院。在他被委派巡城及管理街道的日子里，辛苦而繁忙，所幸国家无大的变故，即便嘉庆帝亲政的前三年里，因嘉庆帝持韬光养晦之术，倒也太平无事，虽生着个大疖子，脓包总算没有破。局势一天紧似一天，待到《广雅疏证》等三书出，高邮二王放慢了著书的速度。尤其到了嘉庆三年，身为谏官，又刚直不阿的王念孙已投入王杰、刘墉、朱珪等人的倒和集团中。

勇当诤臣，站在讨伐和珅战线的前沿

嘉庆四年（1799）正月初三日，太上皇乾隆帝以八十九岁高龄寿终于紫禁城养心殿，真是古稀有福的太平天子，白事可以当作喜事办。嘉庆帝以孝子称誉于国人，自然极度悲伤，但国事积重难返，容不得有半点的耽搁，需要全身心地投入治国方略中去。此刻有个科道小臣也随班集于灵堂，深感祖孙三代蒙恩，悲悲切切地跟着守灵。待到散班，他抹干眼泪，躲在僻静处，干着一件惊天动地的事。这个小臣就是王念孙，正在秘密草拟奏疏，弹劾大学士和珅黩货揽权。

清王朝在中央内阁制度上循明朝例，不实行独相制，内阁大学士虽有相国之名，并无相国之实，若不兼任军机处和内阁尚书职务，则纯属名誉职务，是个摆设。当时有内阁大学士声望最高、军机大臣权力最大、御前大臣和内务府总管大臣与皇帝最近的流行语。这四项关键性的职务，和珅都担任了。早在乾隆四十一年（1776）正月，和珅就被乾隆帝推上政坛，出任户部右侍郎，两月后任军机大臣，次月兼内务府总管大臣。四十五年三月，授户部尚书，兼军机大臣、步军统领。四十九年改吏部尚书，仍兼前职，并任协办大学士。五十一年一步登天，升任文华殿大学士，兼职保留，一直做到嘉庆四年正月。其间还充当殿前阅卷大臣、翰林院掌院学士、庶吉士总教习，连重臣备员都归他管，前后二十余年，朝廷内尚书、侍郎等内阁大臣及外放督抚疆臣多出其门下，炙手可热。

对于和珅，嘉庆帝是恨之入骨，处心积虑，以除去而后快。如今太上皇虽去世，但长期以来大权旁落，为和珅控制，嘉庆帝不能不小心翼翼，何况要师出有名，又在国丧之际，不宜草率行事；但事不宜迟，切不可贻大祸于其后，因而左右为难。内阁诸大臣，即便是倒和派也迟疑着，未能公开出击。此刻王念孙大义凛然，不怕杀身之祸，挺身而出，第一个弹劾和珅。投鼠忌器，这种弹劾不能牵动荷花带动藕，既要一针见血，击中和珅要害，又要讲究策略，丝毫不能有损于先皇和今帝的脸面，草拟这份奏章颇费苦心。

王念孙也非孟浪行事，一是和珅罪行确凿无疑，路人皆知，二是他得到倒和大臣的支持。此刻需要提到两位大臣：一位是时任安徽巡抚的朱珪，他是嘉亲王即日后的嘉庆帝十六岁至二十岁间的师傅。朱珪是朱筠的弟弟。这层关系，一下子拉近了朱珪与王念孙的距离。另外，朱珪在乾隆五十一年（1786）出任江南省乡试主考官时，识拔阮元，加深了他对扬州学人的了解，所以他一直视王念孙、阮元为可造之才，堪负大任。另一位是王杰。此人于乾隆五十二年正月以兵部尚书迁东阁大学士，兼军机大臣，至嘉庆七年（1802）七月退休，任阁职十六年。他与扬州学人的关系亦非常密切。其余的支持者不必详加排查，王念孙觉得正义在他这边，于是义无反顾地投入到倒和斗争中去。

打倒和珅的檄文，成名臣奏议流芳百世

在乾隆帝驾崩的第二天，嘉庆帝下了一道谕旨，叫九卿科道有奏事责任的臣工，务必心存公正无私，将用人行政、兴利除弊、有益实政的建议，真心诚意地如实呈报上来。这道谕旨是有所指的，用心是鼓励臣工弹劾和珅。但大臣中颇多观望或犹豫不决者，因为谕旨并未点和珅之名，或暗涉和珅之事，充其量像例行公文。而王念孙早有思想准备，在此谕下颁之前，已草拟弹劾和珅的奏章。此奏章题为《敬陈剿贼事宜》，借献剿灭白莲教起义的计策加以发挥，提了六条建议。六条中以第一条最关键，很清楚地将白莲教滋事之祸与和珅误国挂勾，上纲上线，给予致命的重击。

王念孙指出自白莲教滋事以来，蔓延四省，征剿三年，国家财政耗资太巨，不堪重负。战事多虚张声势，冒功求赏；每遇实战，转瞬之间皆成残兵败将。劳师伤财，虐民轻敌，结果白莲教的势力更加扩张，贫民响应日增，再遇灾年，民不聊生，其乱更加炽烈。王念孙作这番陈述后，笔锋一转，开门见山，直接指出要解决"外贼"，就必须先除内贼和珅。随即罗

列和珅的罪行：官居宰辅，位在诸爵之上，不思鞠躬尽瘁，报效国家，唯知收受贿赂，营私舞弊，图一己的财富，忘国家的大事。指出和珅置办的房产、经营的商店遍及京城，消耗、出纳的金钱不计其数。王念孙虽然估算不出和珅财产的具体数字，但是他在京城担任过多年巡城及管理街道的职务，有条件和机会掌握和珅名下的房产和商店的实据，奏章中所指，是有所准备的。他曾发现和珅的家人刘秃子原是做小本生意的贩夫，狐假虎威，依仗主子的权势，广招货贿，竟累万盈千。于是把这实证写到奏章中，并强调大臣不法则小臣不廉，贪酷的官吏恶习成风，穷困的民众被逼生变。更可恶处，是和珅对军队积弊隐瞒不报，对军事情报拖延迟误，漫不经心，与封疆大吏狼狈为奸，结党营私，所以这些主持军政大权的贪官、庸官做了错事、坏事毫无畏惧之心，皆仗恃和珅的掩饰和结党为援。

王念孙将弹劾和珅的主要内容，即奏章定稿后的第一条写好后，又细细审阅一遍，以为字字如投枪，吐了一口恶气，心中大快。余下的内容并不重要，但总得切合奏章的题意，于是摇动笔杆，一气呵成，写出余下的五条。

王引之一直在父亲身边，在写第一条时，父子俩还不时地探讨着，字斟句酌，反复推敲，处处精心，不放一字草率通过。明晨就要奏报，王念孙将反复看了几遍的奏稿放在书案上，静静地品赏着。王引之总觉得还欠点什么，一时找不到准头，又拿起来就着灯光细看，发现该奏章弹劾和珅，直指要害，无懈可击，但是在上顾先皇颜面，下为新帝师出有名、发难有理，似有不到之处，就建议父亲在罗列和珅罪状的后面，加上"臣闻帝尧之世亦有共、骓，及至虞舜在位，咸就诛殛"数语。王念孙拍案叫绝，连忙补上这段话。这段话说的是在圣君唐尧主政时，尚有共工、骓兜等所谓四凶的奸臣，待到虞舜掌权就将共工、驩兜处以极刑。当朝先皇乾隆帝就是昔时的唐尧，而新主嘉庆帝就是当代的虞舜，那和珅就是不齿于人类的共、驩之流。这样不但为乾隆、嘉庆两帝解除尴尬，还说得先皇更风光，显得新帝更英明，而剪除和珅更加有理有据。

王念孙的奏章立即引起嘉庆帝的重视，于正月十一日颁发谕旨，正面发难和珅，七天后谕命赐帛令和珅服罪自缢。

对王念孙的奏章，《清史稿》《清史列传》所载《王念孙传》皆有"陈剿贼六事，首劾大学士和珅，疏语援据经义，大契圣心"的评语。之所以"大契圣心"，一是吹响了治罪和珅的号角，二是王引之帮助父亲添加的一段话最合嘉庆帝的意。当时人将王念孙的奏章比为"凤鸣朝阳"，并传诵奏章中的要语，赞誉为"不愧名臣奏议"。

扬州学人在嘉庆四年的北京，作出杰出的表现

嘉庆四年（1799）是国丧之年，但对嘉庆帝而言，也是惊心动魄之年，更是大喜之年。一场不流血的政权交接，仅用了十五天的时间，以和珅伏法告终，嘉庆帝迎来了号令天下的真龙天子的日子。这一年对扬州人来说也是风光无限，尽显人臣卓越、学人通博。在这场政治舞台的大戏中，有两个扬州人充当的角色——以父亲王念孙的一篇檄文开锣，又以儿子王引之在金銮殿上被钦点探花压轴——吹散了政权转换背后的腥风血雨，展现在世人面前的是喜剧效果。

拖延数年未修的京城里的扬州会馆，得以耗资白银近万两，在这一年重加大修。为何如此群情激越，办成此事呢？因为近年扬州出了数件大喜事。这就是嘉庆三年江南省乡试文、武解元，嘉庆四年会试会元、殿试探花皆为扬州人夺取，轰动

京师。该科会试副主考官阮元对同乡史致俨夺得会元、王引之获得探花的桂冠十分兴奋。为此，当扬州会馆大修结束，阮元便撰《重修扬州会馆碑铭》，讴歌扬州文风遒畅，人才辈出。

嘉庆帝主政，正值用人之际，首先想到多次欲调任部院大臣的朱珪。乾隆帝刚断气，嘉庆帝就敕令朱珪速来京辅政。嘉庆帝未曾按原计划将朱珪晋升为大学士，这是平衡政治势力，避免重用师傅之嫌的表象，实际上朱珪是他的智囊团的重要成员。随即任命他为户部尚书，并充当该年会试主考官和庶吉士总教习，意在加紧培养新人。

铲除和珅事定，查抄起获和珅大量钱财，从当时社会上流传"和珅跌倒，嘉庆吃饱"的民谣估计，清廷在财政上尚无大的困难，主要的问题相对集中在对官员的监督、考察和管理，尤其是急于选派廉洁、勤政、干练的官员担任要职或替换和珅的党羽。官员的调整是系统而渐进的，王念孙虽不算大员，但因他出色的吏治能力和刚直不阿、廉洁秉公的品行，在这年三月就被派遣巡视淮安漕务。王念孙是较早派赴外地的检察官，带着尚方宝剑，意味着嘉庆帝的信赖，是受到重用的官员。计算日程，王念孙不要说等到儿子高中的消息，可能连儿子进考场的日子都未等到，就带着牵挂离京。好在地方上有邸报，进士题名的消息都及时登载，王念孙在巡漕途中还是及时知道了喜讯。

嘉庆四年会试主考官朱珪的副手是刘权之、阮元、文幹。该科二、三场文策，朱珪属阮元一人批阅，精选出二百卷，名士经生多出在其中，有"得士如鸿博科，淘空前绝后"之誉。选拔的姚文田、王引之、史致俨、陈寿祺、吴荣光、郝懿行、汤金钊、张惠言、张澍等人，在政绩、学术上都有建树，成为一代名臣、名学者。《清史稿》评价是科取士是"一时朴学高材，收罗殆尽"。

殿试揭晓后，王引之以一甲第三名进士被授为翰林院编修。五月初四日，嘉庆帝接见新科进士时，命史致俨入翰林院庶吉士馆深造。日后王引之、史致俨都官至尚书，成部院大臣。副主考官阮元也在该年十月经朱珪荐举，被嘉庆帝派任浙江巡抚，官至体仁阁大学士，管兵部。循例，王引之是阮元的门生，而阮元又是朱珪的门生，王引之又成了朱珪的小门生。论年龄、资历，朱珪都是阮、王的前辈，但朱珪视他们为栋梁之材、忘年之交，反倒少了长幼尊卑的隔阂，旨趣相投，往来频繁。王引之拜谒朱珪时，朱珪教导他以读书敦品最重要，特别列举他的祖父、父亲为官为学的优秀事迹勉励他。阮元赴浙江巡抚任向朱珪辞行时，朱珪赠诗送行，有"阮君初拜命，任重心旁皇。英英淮海彦，逾壮齿未强。致身云霄上，用作霖雨滂"的鼓励话。并告诉阮元治浙的要点是灭海盗、治贪官、济农恤商，希望他成为优秀的官员。

当时在京的扬州学人王念孙、王引之父子，朱彬、朱士彦父子以及阮元、史致俨等，经朱珪以敦品、经术双重标准的审核，视为文章、经济兼能的栋梁之材，所以竭力地培养他们，把他们推到重要的岗位上。以高邮二王为代表的扬州学人，在嘉庆四年的北京城里作出最优秀的表现、最杰出的贡献，也宣告了扬州学派是学用结合、实事求是、经世致用的学派。

二、奔走在水利工地上的河官

两袖清风一身债的巡漕官

嘉庆四年三月至八月，王念孙巡视淮安漕务。淮安是漕运总督驻地，意味着巡视全漕的责任，远远大于巡视济宁、天津、通州的责任。漕运、盐运、河工为清代三大政，尤其是漕运，操持南粮兼及夹带货物北调，保障京师及卫戍、征讨等要事的供给，国脉所系，至关重要。乾嘉交替之际，因黄河淤积，与大运河交叉处升高，运道梗阻日趋严重。该年有梁肯堂、蒋兆奎、铁保三人相继出任漕运总督，梁肯堂于二月二十日召京，铁保于十二月初九日接任，蒋兆奎任职于梁、铁之间，政绩一般。王念孙巡漕期正是漕运的关键时期，其工作极其重要。和珅把持国政时期，吏治腐败，漕政也日趋破坏，漕运体制内部的矛盾加剧，给漕运带来种种的困难，甚至致命的打击。当时官场风气，地方官员及商总名下，皆有一项属正常的财务开销，就是向过境或迁徙的官员赠送"程仪"。倘若有特殊关系，还有其他的隐性收入，办外差的，俸禄不会动用，尚能囊饱而归。王念孙所到之处，地方官感到很诧异，为何这人拒绝一切馈赠，分文不取，一心忙于公务？待到巡视瓜洲、仪征结束，返程时钱用光，他只好向别人借贷，方免受饥饿。途经高邮家门，与妻子离别久远喜相逢。记得十二年前，随工部左侍郎德成赴浙江勘查海塘时，过家门与妻相见，仅说了几句话就匆匆而别。今日见了面非但留不下养家糊口钱，反倒欠下一笔债，深感内疚，显得局促不安。吴氏贤惠，通情达理，无半点怪罪，反而大喜，认为丈夫做得对。

巡漕，一是巡查漕粮在运输过程中的偷漏及其他损失；二是本以都察院御史身份出巡，有监察各级漕官的任务；三是勘查运道实情，及时解决发生或将会发生的运道梗阻事。

夏秋间，王念孙发现江南漕船过江苏徒阳运河段时较慢，间或出现脱帮，影响运输。他细加查访，获知该河段两岸高峻，挑挖时出土困难，仅堆积于堤内，稍遇风浪或大水，冲入河床，淤积如故，周而复始，无法根治。王念孙建议将镇江以下至丹阳闸沿河三十里堤外民田照原契价格购买数处，以备堆积挑挖淤泥用，再在堤上开通缺口，作挑夫出土之路。按此法施工，一劳永逸。在奏报此方略时，王念孙还强调：一要与民田业主通融商办；二要详细核准堆土需用民田数量，不多不少为好；三要钱归实用，工不虚糜。忠于职守、体察民情之心跃然纸上。

九月，王念孙改派巡漕济宁。上任伊始，就遇到许多棘手问题。他以正压邪，拒收贿赂，谢绝程仪，不受任何人掣肘，秉公行事，尽裁不良的陈规旧习，清除产生弊害的漏洞，以激浊扬清为己任。巡视所经地方，关注吏治民生，及时发现问题、解决问题。

王念孙在巡漕御史任上前后不过九个月，但他不惧艰辛，由淮安而济宁，足迹遍及苏、鲁沿河一线，精熟业务，对漕政之弊洞若观火，所以能撰成《粮漕利弊说》这篇极重要的经世文。王念孙观察得非常细致，描述得入木三分。该文揭露道：百姓按规定的田赋交粮时，贪官污吏为盘剥百姓，多收赋粮，从中捞取油水，采用各种卑劣的手段，无恶不作，层层盘剥，民不聊生。同时就整个漕运系统，王念孙揭露粮道衙门、领运官、督运官、巡漕衙门、通仓场衙门、巡仓衙门、坐粮厅衙门等环节上规费的浮动和附加费的乱收。王念孙巡视淮安、济宁漕务，是他一生唯一一次接触漕运的宦迹，《粮漕利弊说》是他这段经历的深切体会，也证明他并非只知训诂不懂"经济"（经国济民）的书呆子。

新河官兴修河北水利第一议

嘉庆四年（1799）十二月，王念孙因出色的工作表现，被特授直隶永定河道，从此走上治河之途，直至十五年七月离职，做了十一年水利官员。永定河是进出京城的唯一水道，也是京城的保障线，一切物资运输和农田灌溉都依赖它，但它也是一条"无定河"，时常泛滥成灾，直接关系着京城的安危。雍正朝后，清廷陆续设置南河、东河、北河三总督管理河道。未久，北河改称直隶，随后又裁直隶河道总督，改由直隶总督兼管北河事务。北河设管河道五人：永定河道管永定河，通永道管北运河、通惠河及蓟、滦诸河，天津道管南运河及子牙河，清河道管猪龙、巨马、滹沱诸河及东西淀，大名道管黄河及漳、卫诸河。北河总督是主治永定河，兼治其他河，可见永定河道道台岗位是多么重要。

王念孙早年任职都水司主事时，撰有《导河议》，已见其在治河方略上的多闻和卓识。在巡漕任上奏《筹浚徒阳运河折》，可证其关注河工，有心水利工程，也见其专业水平。嘉庆六年（1801）春夏间，王念孙直接指挥河工历经一年多，往返于各河道，反复勘察，积累了许多实测资料及治河经验，撰《筹复滹沱河故道说》，阐发治理京师附近水患，兴修水利的见解。

王念孙《筹复滹沱河故道说》的大旨是分来水为二，加大行洪水量，缓解、消除子牙河（入北运河）的压力，复引运河入海，并分建三处分洪坝，控制泄洪和蓄水，既能免除泛滥成灾，又能保证漕运和农灌。他最后总结道：若按此法实施，费用不增，获利有五。一是水患消除，一劳永逸，因水灾引起的乡里纷争也顿时消除；二是无灾，减轻国家赈灾负担；三是乡民丰收，田赋丰饶，益民益国；四是南北运河无水患之忧，大清、桑干也可减荷获得安澜，是治一河而三河并受其益；五是施工费用不高，维修开销减少，节约国家财政支出。

水利专家治理京城附近水道的高见

嘉庆八年（1803）四月，嘉庆帝看中王念孙是干练而且精通业务的水利专家，对水利情形素有讲求，命令他周历通省，遇有涉及水利工程的事悉心记载，待一二年后交直隶总督汇合奏报办理。这道谕旨实际上是叫王念孙详细调查京师水利工程现状，作一统筹合理的规划，以根治水患为目的。王念孙在京师附近治水已四年多，治河经验和资料积累皆有可观的量，从前述《筹复滹沱河故道说》已见一斑。此项工作实为前事的继续，自然驾轻就熟。

王念孙所制定的水利规划，其主旨是疏通减水河，加大行洪入海，修复格淀堤，保证子牙、大清、永定三河全得畅流入运河。这样使五河得到治理，全省的水患就能得到控制。综括上述，王念孙撰成《论直隶河渠书》，经直隶总督颜检上达朝廷。

嘉庆十四年（1809）夏秋间，复抵永定河道任未久的王念孙，就奉命勘查西淀上游各河。他赴唐河新旧改流处，往返于唐县、定州、曲阳交界地区勘查。王念孙审度情形，提出许多极有水平的方案，并陈述管见四条：一是设专员以资经理；二是严考核以收实效；三是筹善后以期永久；四是申禁令以防阻塞。前三条重在实行专工专管，责任到人；责成官员忠于职守；严格检查，保证工程进度和质量；良法美策实施得力、持恒不废。最后一条尤关水利，蓄洪、行洪是治水头等大事，但是历年来占据河滩、湖滩种植，围而造田，破坏水系，日趋严重。不知道增一分有粮之地，就少一分蓄水之区，更多一分水患。要严禁易沧为桑。再有苇草阻塞水道，渔户用竹编的籪拦截河中，最易壅聚泥沙，妨碍行洪，增高河床。凡此种种皆是水系大害，令行禁止，不可疏忽。

嘉庆帝赖以定夺水利大事的专家

嘉庆十四年（1809）十一月间，东河总督陈凤翔奏请开启苏家山闸，引黄河水入微山湖，以利漕运，而山东巡抚吉纶则奏请挑浚枣林闸以南滨湖运河。嘉庆帝面对两种意见，命朝中大臣讨论，遗憾的是包括工部主抓河工在内的官员都拿不定主意，嘉庆帝为难之际想起了王念孙。王念孙曾以山东运河道任内卓异引见，嘉庆帝询问他河务时就十分赞赏。但当时王念孙刚返回新任永定河道衙署，前后脚，真不巧。嘉庆帝为定夺此事，速召王念孙入都决策此事。

从王念孙在山东治河的事，可以证明嘉庆帝征求他的意见是有道理的。嘉庆八年九月，河南衡家楼决堤，黄河漫溢，有碍漕运，事关紧要。嘉庆帝十分关注，立即命兵部尚书费淳、山东巡抚铁保及王念孙赴台庄，会同漕运总督吉纶专办。前后数次谕旨中皆强调王念孙对河务情形素来熟悉，专交给他办理即可。王念孙不辱使命，经实地调查研究和多年的经验，决策有五：一是以南运河汶上等汛及滕汛之十字河仍照例兴挑；二是钜嘉汛河道停淤处及挺出淤嘴须大加挑挖；三是微山湖上游的沛汛河，因雨泽较稀，蓄水少，应挑挖深通；四是自彭口闸以下及峰汛八闸河道，全依赖河水济运，也须挑挖深通；五是滕汛东岸修永闸泉河一道，须展挑宽阔，用来引泉流。这些决策均为诸大员首肯，嘉庆帝不但批准实施，还特意称赞王念孙于河道事宜皆能明晰。

嘉庆十二年，王念孙巡漕山东济宁时，适巧著名学者孙星衍正在山东督粮道任上。孙时常就学问求教这位老前辈，同时多次感谢王念孙在漕运上对他的帮助。在卫河疏浚工程中，全仰仗王念孙的擘画贤劳，孙星衍的工作能够得到保障，顺利进行。同年以微山湖蓄水不多，皆因上游牛头河淤塞所致，王念孙与东河总督吴式如力辩，奏请挑浚牛头河以广水源，又以乡民侵占湖滩，阻挠挑河，奏请禁止，都谕准施行。王念孙又查得临清闸内两岸势卑，蓄水易致旁泄，于是请加高两岸作储蓄汶水之地。每遇卫河盛涨即闭闸蓄水，使汶水高于卫水，然后放水冲刷积沙，解除堵塞河口的祸患。

上述证明嘉庆帝询问山东治河事，算是找对人。王念孙面对嘉庆帝的询问，引实践经验，据调查资料，侃侃论道：山东省运河全依赖湖水储蓄充盈，届时放水济运。近年湖水短绌，库容量日少。以前秉请河督、巡抚施行挑挖牛头河的用心正在于此。惜因工期长责任重，未为河、抚两院采纳，若为运河长治久安谋划，总以挑挖牛头河及其上游赵王河为正确的根治措施。但是目前微山湖水仅余六尺八寸，只及乾隆五十二年（1787）挑浚后蓄水量的一半，来年漕船过境，湖水不够灌注，无法济运。而挑浚赵王河非一时之功，远水救不了近火，欲为权宜之计，舍开放苏家山闸别无他法。对于引黄入湖出现淤积事，王念孙作了科学分析：苏家山闸口宽仅四丈，又是石底，可调节开放，黄河水出闸后先东入水线河，筑坝拦向北流，再西北流入微山湖，冬令水行不甚流畅，沿线纤折，入湖时挟沙所剩无几，湖底不致过分淤积。虽非良策，应急而用，尚无大害。

凡此种种，嘉庆帝认为王念孙分析得极有道理，于是依东河总督陈凤翔权宜之法施行。

三、反贪廉吏欠下的巨债

善于理财、护财、用财，严督严防水利工程款跑漏的河官

王念孙在河道任上，始终保持廉洁、勤政的作风。施政的

要务是整肃吏治。他对河工备料款项及工程用工工费皆核实经理，清除浮冒的弊端；发放河兵军饷时，一切公开透明，亲自在公堂上监督发放，杜绝克扣饷银的劣迹。

工程用款，一易浪费，二易贪污，历来被贪官视为肥肉，垂涎三尺，其中尤以水利工程最易巧立名目；加上守官玩忽职守，施工不当，又极易造成浪费。嘉庆八年（1803）十二月，王念孙署理山东运河道，次年三月实授，刚上任即以除弊兴利为首要任务。他根据调查，认为冬季挑挖运河淤积，是贪官玩花样的机会，最易造假偷工，中饱私囊。他查出前任官员验收工程时，以铜尺测量，遇到泥水仍按寻常方法深插量尺，测得一尺实仅数寸，大打折扣。王念孙推翻不准确的测量法，改造梅花桩，以木箴横列，浅深立辨，使污吏无从入手。

管理河工的官员，为营私舞弊，常巧立名目，弄虚作假。如在岁修之外，虚报工程损坏，名曰"另案工程"，请拨款兴修。名目成立，所得款项就可以随心所欲，浑水摸鱼。王念孙查出此漏洞，严禁虚浮，未核准不得报修，"另案工程"不复出现。他在山东运河道任上，前后六年，合计节省工程款高达数十万两白银。

王念孙不贪不拿，凭能力和操行为官，绝不逢迎上司或有利害关系的官员，更不会行贿。遇有索要，不但自己不予理睬，还叮嘱部下拒绝。当时有某官巡视东漕时，恫吓、威胁沿线官员，索要钱财，大多数皆有馈送。未久，该贪官贪赃案暴露，被逮法办，馈送者也以行贿罪获咎。唯有王念孙主持的运河道属官独免，人皆佩服王念孙正直有主见。

出任永定河道不久，王念孙听说前任直隶总督梁肯堂巡查河防时，道、府、州、县官员纷纷拜谒，不绝于道，以致僻壤的固安县仓促间提供公馆多至十余处。现任督臣胡季堂虽加以禁止，但相沿成习。此种积习，一是有碍地方公务，扰乱社会秩序；二是靡费钱财，增加地方行政开支，入不敷出，自然转嫁于民众；三是此风大坏人心，造成官员不忙于职守，疲于奔驰，借迎接上司博得好感，以求升迁。针对此情，他上疏嘉庆帝，如实汇报，并强调自己正督率厅、汛各员驻堤防守，无暇也不愿作此无益应酬，而荒废公事。同时为固安县令诉苦，指出道、府、州官对小县令而言都属上司，来者都不能得罪，盛情款待，耗费精力只不过人吃点苦，而财政开销实难寻找出处，苦不堪言。他请求嘉庆帝颁布"道、府、州、县无事不得谒督臣令"。由此可见王念孙刚直不阿、廉洁勤政的官风。

清白吏背下近两万两白银的债务

自嘉庆四年（1799）始，王念孙出任巡漕御史，后又做河道道台，是外放的官员，油水多而且容易弄到手，但他分文不取。民谚"一任清知府，十万雪花银"，王念孙不贪不占，退休时一官归去倒也罢了，可他也太冤大头，带回两袖清风，还带回 17529 两的债务。说到这笔债务，还得从王念孙任河道道台的事说起。

自然界的不可抗拒性，及当时社会生产力的低下，科技力量的薄弱，对于像洪水泛滥这样的灾害，人类显得很无奈。水利官员只能在同等的水灾面前比较谁做得优劣，无法在不可抗拒的大灾面前论英雄，对遭遇特大灾害而未能防御的官员，并不能说他无能。水利专家王念孙的遭遇颇能说明这一问题。王念孙有两次升迁的机会，只要突破这一关，布政使、巡抚的官衔唾手可得，因为永定河道道台是个标志性的岗位，在这个岗位上稳坐几年，就可以高升。然而每到这节骨眼上，老天爷都跟王念孙开了个玩笑，把他的一切努力都白白送掉。

王念孙是在嘉庆帝亲自考察下调任永定河道的，他抵任后革除积弊，恪尽职守，廉洁奉公，在一年半的时间内，做了大量设防和调查，做得很极致。然而自嘉庆六年（1801）五月以来，大雨滂沱，昼夜不停，连下一月，水涨至二丈多，南北岸同时漫溢，有决口四处。《清仁宗实录》有一段很好笑的记录：一说兵部右侍郎那彦宝赴河干查水，住宿一夜，未见王念孙和南岸同知翟萼云、北岸同知陈煜等河官；二说命那彦宝、工部右侍郎莫瞻菉在沿途遇见王念孙等革职拿问。岂不前后矛盾？王念孙等明明在河干查防，渎职何在？事态严重，情形急转直下，待到六月二十七日，军机大臣会同刑部审拟，给王念孙他们定的罪真要把人惊呆。判处总督姜晟发往军台效力赎罪，永定河道王念孙发往乌鲁木齐效力赎罪，同知翟萼云、陈煜、汪廷枢发往伊犁充当苦差。知晓实情的大臣似有辩解，嘉庆帝也算明白，宽容地谕令：河流异涨，不但人力难施，也料想不到，王念孙等尚非玩忽职守。虽承认并无渎职之情，但并未免罪，加恩将王念孙发往永定河工次，自筹施工费用和材料，加紧堵筑挑挖，戴罪立功。

那彦宝督工卢沟，王念孙效力于属下，协助治理永定河。那彦宝询问直隶水道情形，王念孙拿起笔顷刻间绘成水系图，纵横经纬，纤细无讹，观者赞叹良久。此次水工，重在堵筑四处决口，次则疏浚下游淤塞。所幸天晴水退，施工两月余，漫口全部合龙，河复故道。那彦宝虽是指挥长官，实际操作还是以王念孙为首的水利官员。十月初三日，嘉庆帝谕内阁，依旧认为王念孙失防之罪不可不咎，仍需效力河工，叫人很失望。王念孙也不计较，仍勤恳于河工。待到嘉庆七年（1802）九月，经直隶总督颜检奏请，王念孙署永定河道；八年四月晋升主事衔，十月赴台庄筹办新漕又立新功，于十二月署山东运河道；九年三月实授；十四年六月，因卓异为嘉庆帝赏识，再度调任永定河道。

王念孙的运气太糟糕，复任永定河道的次年，永定河水异涨，水位高达二丈多，人力难施，南北岸同时漫溢，旧景复现。嘉庆帝不容分辩，认为入伏以来，雨水稍长，也与往年相仿，何况山西上游之水并无异涨，为何漫口多达四处，可见未能事先筹防。新账旧账一起算，历数王念孙在前任期间，因决口革职逮问，署理时也漫工两次，今又犯事。随即革职留工效力，最后还算宽容，命以六品退休，赔白银 17529 两。

这笔赔款还得交代一下，不然王念孙不明白，我们更不明白。原来清廷规定，凡渎职引发的工程款要由该负责官员交纳四成赔款。此次漫工，报部请销银，经核准为 146078 两，督、道、厅、汛照例分赔，其应赔四成银 58431 两。作为道台的王念孙应赔其中的三成，一算，17529 两赔款就出来。这笔赔款对王念孙这位清白吏来说，是个天文数字。旧时父债子还，他还不完，由他儿子王引之还。时至嘉庆十九年（1814），才还了 3529 两。适巧这年王引之出任山东学政，每年有养廉银 4000 两，属自由支配，他奏请嘉庆帝，请求取一半缴赔款，留一半为办公费用。最后批还是未批，今已不清楚，只知道这笔赔款赔到道光帝登基还没赔完。新皇特颁恩诏，凡应缴官项子孙代赔钱款，全部豁免。至此高邮二王方释重负，但前后已赔了一万多两。

第 5 章

"文化官员" 王引之

一、日理公事，夜读经史

文教使者与干练大臣

　　嘉庆四年至十五年（1799~1810），是王念孙劳碌在导河、抗洪一线，苦苦奋斗的十二年，壮志未酬，含恨引退。王念孙已经尽职，甚至将嗜好的学术也搁置了好长时间，自视问心无愧。这十二年王引之倒是终日做着文化、学术的工作，跟学者、学子打交道。他或以文学侍从周旋在翰林院和皇帝之间；或担当乡试主考官，奔走于外省，衡文校士、选拔人才；或出任学政，以倡导教育，改变学风，培养人才为首务。这些事跟父亲所做相比，轻松得多，也无过大的压力，更可心处是官运亨通，而且做官与学术研究有机结合，显得合拍而和谐。

　　王引之由探花授编修，登天子之堂；两年后奉命主持贵州乡试；又三年再次充乡试主考官，按试湖北；嘉庆十二年（1807）出任河南学政；加上嘉庆十九年再任学政于山东，及嘉庆二十三年、道光元年（1821）连续两次主浙江乡试正考官，算来前后四任典试、二任督学使者，这种殊荣，扬州学者型大僚中只有阮元可与之比肩，在全国也是罕见的。嘉庆六年（1801）五月初二日，王引之带着嘉庆帝敕令，也带着父亲王念孙"文学之臣，绩学宜勤，持躬宜慎，应当以你的祖父为榜样"的训话，意气风发地赴贵州乡试主考官任。以后每遇典试，王念孙都重复强调："国家抡才大典当仰体求贤之意，详慎拔取。至于三品以上不收规礼，又当谨遵谕旨而行，以端节操。"出任学政，又教训道："以培养人才，整饬士习及关防、幕友、家人，以称职守。"王引之以父亲的训话为座右铭，兢兢业业，唯恐屈抑人才，尽心校阅，选拔人才极盛。

嘉庆九年（1804）六月十二日，王引之升右春坊右庶子，旋外放湖北乡试正考官。这一官阶隶属于小九卿行列，也算是跨入卿贰的台阶。做父亲的很开心，并叮嘱再三：你的祖父忠清亮直，你必须继承祖先的美德。在扬州学派人物中，称得上文章经济兼能，硕儒名臣并称的当数阮元与王引之。他俩一生中有一次最难得的官场接触，就是同时以钦差派往河南公干。先是嘉庆十二年八月二十日，王引之被意外地简放河南学政。"简放"是清代经吏部对官员实行铨选考试，合格后可以派任道府以上外官的专用名称。王引之因他故未试，照例是不开列衔名简放学政的，然而破例简放，所以被人称为异数。

王引之赴河南，还带了嘉庆帝交给的一项特别任务：严密防范，认真去取，搜集地方官的官声和官绩，及时汇报。抓教育的多了一份监察地方官的职责。这样看来，王引之未试而选派，不外乎他是最佳人选，因其干练而特派。他上任未久，果然查得蛛丝马迹，密奏清廷，随即就有钦差阮元赴河南办案的情节。待到十二月初九日，阮元已将查办的大概情形预先奏报，时至二十二日已将全案审毕。此案是被勒令退休的知府熊之书，因不满上司对他的处置，致使疯病复发，上京诬告，造成事端。熊之书所控虽属子虚乌有，但河南省吏治疲沓不振也是事实。作为钦差大臣的阮元实际上已主持了河南省军政各事务，面对官场中的舞弊和社会上的各种问题留心查访，经过认真审核，处置了一些不法官吏。阮元快刀斩乱麻，未经月即将河南吏治整顿得焕然一新。这其中就有王引之前期的调查之功，以及操作时的种种帮助。

阮元由钦差而代理河南巡抚，前后不过三个月，虽疲于办案，但不忘传播文化。王引之身为督学使者，专职于文化教育，兼及本是学者，更有心于文化学术。如前所述，阮、王二人的关系非同一般。嘉庆四年，阮元适巧在京师，或为高邮二王拟稿弹劾和珅事互有商榷，或事平后在学术上作交流，更因这年阮元成了王引之的座师，多有来往。后来阮元出任浙江巡抚，两人相隔八年未曾谋面，相逢河南，备感亲切。

阮、王在一起想得最多的是如何发展教育，传播文化，培养人才。两人对增加学生的阅读量，扩充府、州、县学藏书形成共识。先是王引之发现中州字音近古，作韵语往往不合律，就亲自编著《诗韵》一册，印发给学生勤加背诵，很快就改变了河南士子不熟悉韵律的状况。王引之还和阮元出资购买《十三经注疏》一百多部，分置各属学校，方便借阅；教导学生以根柢为务，勤奋学习。王引之在教学上更是事必躬亲，考核学生时都是很严肃地穿着官服端坐在公堂上，认真批改试卷，终日无倦容，待学生散尽才下班，三年任内从不间断。

文学侍从官以"苍雅之学"载誉学术界

俗话说"一心无二用"，可是对嘉庆四年（1799）前的王引之来说，还真得有分身术。一方面他在跟着父亲亦步亦趋的过程中，看着《广雅疏证》完成；同时也听着父亲讲述，记下学术菁华，变成一部父子合著的《经义述闻》；还自出心裁，广征博引，自撰《经传释词》。另一方面他得熟读朱熹注的四书及五经，苦练八股文的撰写。中了进士后，敲门砖可以摔掉了，学术是永远不能放弃的，八股文再也不用碰它，可官得用心做，所以心还得二用，人也闲不下来。

从嘉庆六年（1801）王引之身上发生的几件小事，可以看出他在为与父亲的合作作准备。这年二月，王引之在京师与著名版本目录学家、藏书家黄丕烈相晤。虽说是初次见面，但相互心仪，以文字结缘已久。原来黄丕烈珍藏一部影宋《博雅》十卷校本，在嘉庆元年（1796）被高邮宋保借去，多次索要一直未还，原来他转借给王念孙，用来校勘、疏证《广雅》。王念孙将黄丕烈藏本中可圈可点可取处都采入《广雅疏证》中，黄丕烈感慨道："该影宋本有幸，我收藏者也很荣幸。"待到五月，王引之获知黄丕烈收藏《淮南子》的版本颇多，嘱咐他帮助传校。

五年前，王念孙开始《管子》的校勘，说明他已从经部拓展到史部、子部书的校勘及其他方面的研究，为《读书杂志》作准备，惜其公务缠身，无暇顾及而束之高阁。此时王引之突然热衷于子部书的传抄、搜集，证明父亲无奈停下的笔耕，他义无反顾地接手，而抄录《淮南子》，足证《读书杂志》的资料准备已由王引之担负起来。

王引之在"祖孙鼎甲，三代词林"的光环下，显得更加耀眼，在"四士三美"的盛誉中，凭借实力与父亲共占"苍雅之学"之美，更为世人瞩目。就在这年春夏间，段玉裁老病体衰，觉得来日无多，生怕惨淡经营数十年的《说文解字注》不能成书，在伤感"人命危浅，朝不虑夕"之际，欲托王引之完成此书，于是致函刘台拱，表达这一愿望。所幸段玉裁闯过鬼门关，又活了十四年，经自己定稿，并在临终前看到刻本。但十四年前病危时的请求，从一个侧面反映段玉裁信赖引之，认为能继其事者非引之莫属，可证引之当时的水平和在学术界的影响。

身为翰林院的备用人才，王引之除了被差派外省典试或督学外，主要任务是担任皇帝的文学侍从。翰林院官员，首席为掌院学士兼礼部侍郎满、汉各一人，侍读学士满、汉各三人，侍讲学士满、汉各三人。掌国史国籍、制诰文章之事，凡南书房侍值，上书房教读，自侍读学士、侍讲学士以下全得预选。另修辑诸书则以掌院学士充总纂官，读、讲学士以下充纂修官。嘉庆七年（1802），王引之以编修衔奉命编纂《起居注册》。次年三月初五日，考核翰詹各官，王引之以一等第三名被升为侍讲，十三天后任日讲起居注官。嘉庆九年二月，王引之充《皇朝词林典故》纂修官；十三年十二月，升侍讲学士；十四年十一月，奉旨任侍读学士。王引之身处宽松的环境和浓厚的文化氛围中，以文学侍从的身份做自己的学问，其乐无穷。

二、王引之与乾嘉学人

王引之与焦循的学术友谊从论《易》开始

高邮二王不善交际，所交友朋不多。就王引之而言，四充典试，两次督学，又曾任会试副总裁、殿试阅卷官，师友弟子遍天下，但他不事张扬，回避交游。不过遇到旨趣相投者，还是主动联络，保持深厚的学谊和密切的往来。

嘉庆七年（1802）二月的北京，来了一位被京师名臣名儒称为"江南老名士"的扬州人，他就是阮元的族姐夫、扬州学派三巨头之一的焦循。此人困顿场屋，上一年才中举，此刻正赶赴会考。三场结束，交卷出场的当天，即三月十六日，王引之就赶到焦循寄居的南柳巷郑兆珏寓中，赠以《周秦名字解诂》。待到嘉庆十年六月十三日，焦循收到王引之函及《经义述闻》，细加研读，对高邮二王的著述有了深刻的理解，颇多共鸣，就把感受写成"一赞"，收入《读书三十二赞》中。这《读书三十二赞》，是焦循觉得本朝学术一洗元明之陋，在读到心中崇尚的佳作时发出的感慨，其中有王锡阐、万斯大、惠士奇、顾炎武、阎若璩、王鸣盛、江声、毛奇龄、江永、戴震、惠栋、任大椿、阮元、钱大昕的篇章，都是为这些彪炳显赫的大学者高唱赞歌。于高邮二王则重点提及《广雅疏证》《经义述闻》，赞道："训诂声音，经之门户。不通声音，不知训诂。训诂不知，大道乃沮。字异声同，义通形假。或转或因，比例互著。高邮王氏，郑许之亚。借张揖书，示人大路。《经义述闻》，以子翼父。"

焦循此赞，仅是表达推崇和敬意，而与王引之的交流才具有实际意义，所以函复王引之，作学术上的正面接触。此时焦循正倾心于《周易》的研究，整整三年足不出户，闭门攻坚。如今见到《经义述闻》中有关《周易》的论说，无异于把师友请进门，深有同志之感。焦循说开卷有益，读到首卷条首，就是辨《周易》"赍"字，顿时拍案叫绝。扬州学派人物多持汉宋兼采，反对以惠栋为首的吴派盲目崇尚汉学，无原则地把汉人陋说看作颠扑不破的至理名言。

王、焦二人找准靶心，把矛头指向惠栋的《周易述》，重拳出击。《周易·乾卦·九三》："君子终日乾乾，夕惕若，厉无咎。"惠栋据汉人旧说于"惕若"下增"夤"字。王念孙指出"夤"为衍字，王引之列出五条证据，考证出原书并无"夤"字，是惠栋拘泥于汉人之说而增加。焦循对《周易述》最不满，指责其学拘泥于汉代经师的论断，而未能拓展思路，穷究汉以前的经典。认为王引之书出，尽洗俗师陋习。

焦循治《周易》，此时已得百余条，即日后"易学三书"《易章句》《易图略》《易通释》的嚆矢之作。焦循以经注经，如孔子《十翼》，反复申明。他曾略举若干条给高邮沈钫阅看，得到称许，但未敢轻信，借此函过录六条呈王引之。如："'《临》《观》之义，或与或求。'以求属《观》，而凡《观》所变之卦，如《坎》之'求小得'，《蒙》之'求我'，《颐》之'自求口实'，《屯》之'求而往'，皆本《观》为辞，如此类者甚夥。又如'先甲''后甲'，传明曰'终则有始'；'先庚''后庚'，经明曰'无初有终'。然则，甲取始义，庚取终义。且《蛊》之六五，变而成《巽》，故先庚之辞即发明于《巽》之九五，其义可推而知，不必牵合于纳甲等术。"

王引之意料不到《经义述闻》中论《易》，竟引起焦循浓烈的兴趣，寄来若干条释《易》的新锐见解。王引之闻所未闻，像发现奇迹，以为"凿破混沌，扫除云雾，可谓精锐之兵"。他看出焦循一一推求，至精至实，细究其门道，实采用"比例"之法。认为这些见解，足以说明那些株守汉学而不实事求是者，是何等的茫无主见。王引之把上述看法函复焦循，称赞焦循之余，还把惠栋狠贬了一下，认为他考古虽勤，但见识不高，考证不细，批评他只要发现汉人之说与现今流行之说相异，大都不辨是非，一概以汉人之说为准，甚至出现常人不该发生的错误，如解说《周礼》丘封之度，纯属颠倒。

这封信是有战略意义的。在汉学炽烈的乾嘉时期，吴派领袖、大儒惠栋的学术地位是不容置疑的，而与惠栋争辩是件难事。焦循极其不满惠栋的《周易述》，并在著述中挑起这场战斗，但还心虚，不敢轻易示人。王引之的这封信，可以说为他鼓劲撑腰。焦循自述见到此信愈加奋勉，于是著成《易通释》。日后《焦氏遗书》汇刊时，该信冠于卷首，将焦循对此信的推崇作一表白。

靠论学函交流的王引之与陈寿祺

嘉庆六年（1801）岁末，陈寿祺作怀人诗七首，其中怀念王引之云："家业王阳举世稀，千秋许郑恉通微。辎车归补《方言》字，莫遣春风减带围。"陈寿祺是王引之为数不多的重要学友之一。这年五月，王引之典试贵州；冬，陈寿祺告假归里。一来一往，未及见面，所以陈寿祺有怀念王引之诗。嘉庆八年冬，陈寿祺还朝，两人才有机会问学相长。次年五六月，陈寿祺、王引之分发广东、湖北乡试副、正考官，各奔前程。随后两人常分放外任，待到嘉庆十五年，陈寿祺父亲辞世，奔丧返里，不复为官。两人是聚少分多，但通过著述的互读互评和函信的往来，持续不断地作学术交流。

嘉庆七年夏及十二月，王引之两次寄函陈寿祺，遗憾的是迁延很长时间才辗转到陈寿祺手中。直到次年五月二十九日，陈寿祺才函复王引之。此时陈寿祺已入浙江巡抚阮元幕，在执掌杭州敷文书院的同时，主持《经郛》的编纂。在抚署中获悉王引之大考翰詹荣列一等而升迁的消息，爽直的陈寿祺致函说：考得高分，自是名儒分内事，不值得作为不可磨灭的奇特事来夸耀。倡导教育，弘扬学术，鼓舞读书，使人不要怀疑贾遂、许慎之类的学者写不出好文章，这是义不容辞的任务。这不是高调，是共勉的誓言。

陈寿祺似有激励的用心，告诉王引之，阮元在浙江大办教育，全浙学人被他网罗殆尽，并选派最优秀的老师来教导他们，他"滥竽敷文，有惭都讲"。这当然是谦虚话，凭他这种资深的朴学家掌教还有什么可挑剔处？还函告，他已接受阮元的重托，任《经郛》的总编，另由阮元挑选诂经精舍高才生十余人、文学博士数人协助他，任分纂。编纂《经郛》事关重大，陈寿祺忧虑力不从心，寄厚望于王引之，请他指点，提供帮助。

嘉庆九年（1804）的上半年，王、陈同供职于翰林院，朝夕相处，然任务有别，而"经月不晤，刻切神驰"。多日未见面，就以信代话。下述一函就是此时陈写给王请益求教的。陈寿祺读《经义述闻》卷五《毛诗上》"有纪有堂"一条，王引之按理校，综合《诗经》中他例，凡首章草木者，二、三等章皆言草木，为不易之例。此《终南》首章作"有条有梅"，二章依草木例，"纪"为"杞""堂"为"棠"。又搜罗出他书数种实证。陈寿祺发现《左传·定公五年》有"堂谿氏"，《潜夫论》似作"棠谿"，《广韵》"棠"字注作"棠谿氏"，或即据此。又《论语·释文》"申枨"，郑玄说《史记》作"申棠"。《史记索引》说文翁礼殿图有"申堂"，疑是以"棠"为"堂"。陈寿祺将上述看法函示王引之，请其检核原书，并乞示新作。

嘉庆十二年七月初，陈寿祺邀王引之欢聚于寓斋，与会者有程同文、陈用光、吴嵩梁、查揆、张维屏等。这是王引之屈指可数的出席友朋文宴的记录，东道主换作他人，可能会谢绝参加。"入座皆贤豪"，"提壶问奇字"，谈古论今话文章，而王引之与陈寿祺对古韵讨论最多。在此次文宴前后的某日，陈寿祺曾寄函王引之，讨论古韵。说他近读诸家论古韵书，私疑顾炎武、江永四声通押及《诗》《易》参用方音之说无可厚非。因为魏晋以前本无四声之别，高下清浊取其同类而已。至于民间歌谣发自妇女小孩之口，声调自然和谐。使臣采录，未必更加润色，纠以韵出，间不尽谐，至今犹然，何必疑古。古代的音韵失传已久，诸家之论终究不可能无瑕疵，不如遵守《说文》谐声之法，通其所可通，不可通的任其缺，而不必仿韵书设部，复设合韵，纷纷改易，制造矛盾，只会增加学者的迷惑。

嘉庆十五年（1810）正月，陈寿祺致函王引之，请教四事：一是孙之骒所辑《尚书大传》，将"大社惟松"五句采入，而《雅雨堂藏书》本则无，当是后人知其语与《毋逸篇》绝不相涉而删除。是否如此？二是《尚书大传》中引《召诰》序及篇首经文一段，不知出处，请检索。三是讨论《汉书·艺文志》所载《欧阳经》卷数。四是发现《汉书·艺文志》失载书目而见于他书者尚多，准备仿照王厚斋《汉志考》网罗散失，以《别录》为主，附以各书，详加考证，请指示凡例。

十二年间，王引之与陈寿祺聚少离多，但他们的学术交流，从上述几函可见端倪。

臧庸与扬州学派的关系

乾嘉间，非扬州府属的学人与扬州学派关系最密切，或径直称为扬州学派人物的，除金坛段玉裁外，就要数武进臧庸。嘉庆九年（1804）春，臧庸北上，舟过宝应时，拜见扬州学派重镇刘台拱。刘台拱说：糟船摧行，水不济运，上流堵截，舟抵济宁将难行。就写了一封介绍信给他，找驻济宁的山东河道王念孙，帮助提供车马方便。不巧，王念孙巡视在外，未能谋面。未见老王见到了小王，臧庸在京师找到王引之。那封介绍信出示与否无关紧要，有谁不知道他就是极为阮元器重的学者呢！阮元编纂《经籍籑诂》，就是诚聘臧庸为总纂；随后校勘《十三经注疏》，也是叫他挑重担，负责《周礼》《春秋公羊传》《尔雅》三经的校勘。王引之在嘉庆四年七月初一日为《经籍籑诂》作序时，从阮元口中知道臧庸其人。

近时高邮二王正为一件事烦心，与父子俩相交甚厚的任大椿去世多年，惜其遗著久未整理校定。父子俩虽有心于此事，但是政务倥偬，兼之与诸学友推不掉的学术交流，实在抽不出时间。王引之久慕校勘高手臧庸，怎能放过他，就诚聘为西席，助其校勘任大椿《字林考逸》。有件事虽小，但足见两人学问之大。在校勘《字林考逸》时，王引之意欲删马部"驯性行调顺"五字，以为非晋人吕忱原书所载，而是唐释湛然所书，臧庸很为叹服。两人兴致正浓时，王引之被钦派典试湖北，随即丧母守孝三年，臧庸则受阮元请，为他校补《经郭》，王、臧的合作暂告一段落。

臧庸虽为阮元校补《经郭》，但与高邮二王的交往并未间断。《经郭》由总纂陈寿祺转入臧庸手中，校补未久，在检读《经义述闻》时，想起乾隆五十九年（1794）秋，山东学政阮元转述王念孙关于《诗经·卷阿》"凤凰鸣矣"章字字有韵一说，就痴迷得结于心中。今见文字记述，博征群书，综括众说，眼前亮而心结解。小试牛刀，就觉得《仪礼》"冠昏辞命"也是字字有韵，并记下这些心得。谁知道竟被陈寿祺斥为破碎烦乱，还说《诗经》无其例。臧庸就举《匏有苦叶》《鸱鸮》《卷阿》等篇作例，也未为陈寿祺认可。臧庸还认为孔广森

《诗声类》仅得创始之功，惜未得缜密详尽。臧庸耳闻王念孙著有论古韵书，于嘉庆十年（1805）八月二十日致函王念孙，请他下判词，定个谁是谁非。

次年九月二十一日，臧庸寄书王念孙，致谢奉到手训及为其弟礼堂所撰挽词。王念孙久知臧庸品行朴实、学识精审；臧庸私淑念孙，推崇引之，深羡"父子著述，一家两先生"的美誉。尤其是臧庸与心仪已久的王念孙，直到嘉庆十五年五六月间，才在永定河道署会面，这对忘年交相见恨晚。这次见面不久，臧庸写了一封热情洋溢的信给王念孙，表白自己私淑二十余年，今日方获面聆教诲，真是三生有幸。他称颂王念孙清德著于海内，所训示学问、人品、政事三者，同条共贯，尤为至论，与先圣的微言大义有相同的规范作用。真是位以实学、实心而行实政者，虽不合乎流俗，但至诚至善，合规合矩，令人敬佩，当学习一辈子。随函呈上新著二册望斧正，并汇报《古韵臆说》未完稿，待定稿再寄上。

臧庸此时的兴趣在古韵研究上。王念孙指教他：《诗经·国风·汉广》中字字皆韵。"不可休息""不可求思"，休、求固然是韵，息与思也是韵。"南有乔木""汉有游女"，乔木、游女亦幽宵鱼侯之通协。下四句广、永、泳、方皆本韵，虚字有之、不可，亦字字相对。再如《山有扶苏》中"山有扶苏，隰有荷华"，扶苏、荷华四字四韵，读荷如胡，古方音。二章"山有乔松，隰有游龙"，松与龙韵，乔与游协，如同《汉广》中"乔木""游女"。臧庸将从王念孙学到的古韵知识，及自己的研究成果函告阮元，扩大讨论面。六月下旬，王引之在河南学政任上收到宋保寄赠的《谐声补逸》，一时有关文字、音韵、训诂的讨论，在学友中十分活跃。

臧庸不负重托，以身殉学

嘉庆十五年（1810）九月，对王念孙而言，真是悲喜交加，愁的是欠下赔偿河工款的重债，喜的是引之迎养他于京邸，可以著书立说。王念孙闭门著书，托病谢绝来客，唯独开列臧庸名授门房，无须通报即可迎入。王引之也常到臧庸处访谈。臧庸偶尔欲访问某名士，遭到冷遇时，就以高邮二王厚待他的情节，在京师名贤中津津乐道，推崇为楷模。

高邮二王与臧庸的交谊始于帮助校勘任大椿的书。前述王引之委臧庸校勘《字林考逸》，此刻又嘱他校勘任大椿的《小学钩沉》，其全过程，证实为学术献身的人，往往也会为学谊而牺牲个人的利益。整理一部遗著，甚至比写一部自己熟悉的书还要困难。《小学钩沉》原稿繁芜，有本末倒置，有称此卷而实为他卷，有称此书而错在彼书的，更有通部细检而终于未见的。再具体到解诂各字时，甚至出现两注例证的出处，而出处又不确，辗转舛讹。错误虽非百出，因本非定稿，缺笔、误笔、缺页、错页及颠倒者在所难免，校勘时难度极大。任何学术成果皆从艰难中得，任大椿著此书时，煞费苦心，臧庸虽见其乱，而不忍心轻删，不删削则需花费数倍的精力，苦心检索、考核，方能完善。

王引之欲成就任大椿遗愿，将其遗书早日校定刊刻，对臧庸时加催促。臧庸素性不肯草率，不愿仓促了事，他在嘉庆十六年三月致函王引之，汇报说不敢稍有懈怠，实因要深悉原委，别无简便之法。况且代人校勘，要尊重著者原意，往往曲意相就，不能像自己著书那样得心应手。随函附上已校勘的原稿二册，大旨以唐代为断，因宋元人所称不尽可据，拟不录。

原稿次序多不可解，经细心比勘对照，已理顺十之六七，若欲尽善尽美，只是有待时日。并特别提出，录清付梓，非一般抄胥所能做，一定要精通小学的人誊录，如若找不到好抄手，仍愿承担誊抄事。

此时离臧庸生命的尽头不到四个月，病魔袭来，仍带病坚持，在五月致函王念孙，汇报《小学钩沉》校勘情况：一是《一切经音义》讲字体作某者，谓字的形体如此，或讲正体当如此，非别有字体之书。《小学钩沉》采《一切经音义》所引字体五十则，其叙录亦言"史志及书目俱不载"，似不当承讹袭谬，拟尽删除。二是《华严经音义》每引《珠丛》《韵圃》二书，《小学钩沉》有《韵圃》而无《珠丛》，拟补其阙。三是《隋志》有《说文音隐》，《唐志》但称为《音隐》，《经训堂丛书》有《说文旧音》一卷，殊嫌疏略。及《小学钩沉》载《音隐》，仅《一切经》卷四一则，将删除，仍其旧，或博考群籍补上。

王念孙接到臧庸信，十分佩服臧庸考订精详。指出若按照臧庸的意图，补成《说文音隐》，实有功于许慎。并告诉臧庸《说文系传》所称此反切，皆后人所加，值得置疑也在于此。这是徐锴改易新音，而其兄徐铉则专用唐韵，于是《说文》的旧反切就亡佚。臧庸能博考群书将它们补成，真是件学界美事。

待到六月初六日，臧庸病势加重，自感体力不支，把校勘将毕的毕沅撰《说文解字旧音》和任大椿撰《小学钩沉》诸稿委人送交王引之。臧庸没有打算携归校勘，一是考虑到南北暌违，岁月迟阻，音讯不能及时相通，二是担心病体一时难以康复，不敢久留原稿。臧庸附函一封，将上述想法说明，以及为没有手录清本付梓，以成先辈之美，而报知己之遇，感到内疚。

臧庸既将校勘事对高邮二王作交代，也关心自己的一部学术笔记《拜经日记》，因求序于王念孙，尚未能成事。王念孙正看着，以为臧庸考订汉代经师流传的分合，字句的异同，后人传写的脱误，改窜的踪迹，皆能剖析毫厘，擘肌分理，洞察原委。归纳其研究内容：一是诸经今古文；二是王肃改经；三是四家《诗》同异；四是《释文义疏》所据旧本；五是南北学者音读不同；六是今人以《说文》改经之非；七是《说文》讹脱之字。

当王念孙见到臧庸六月初六日委人送交的校勘稿及附函时，知道臧庸近况，就弃他事而不顾，抓紧时间为《拜经日记》撰序。幸好已细加审读，就将上述感受和为之归纳的七个研究要点记下来，并感慨地说：当今汉学家只要看见有异于今者就视为至宝，而于古人的传授，文字的变迁，多不细加辨析，或以为细碎不足深究。而好学深思如臧庸，则详加考证，恢复古人原作原意，有补于经学著作甚多，真是研读者的大幸。当写下此序最后一行字时，已是六月十五日。时隔一月左右，臧庸逝于京师，临终前看到王念孙在《拜经日记序》中对他的赞扬，备感欣慰。

第6章

学术生命永葆的王念孙

一、"杂志"之名由王念孙创始

退休之年，学术生命再次飞跃的开端

高邮二王实事求是的极致做功，是考据学派的本色。他们根据可靠的资料，以其睿智证实出可信的事实，最具说服力。而最能体现这种功力的是"王氏四种"，被我国语言文字学界誉为清代语言文字学巅峰的代表性巨著。嘉庆十五年（1810）九月，王引之迎养父亲王念孙。王念孙开始实行《读书杂志》创作的漫长计划，意味着"王氏四种"集体亮相。

王氏四种，是高邮二王笔耕一生而获得的成果，是用生命换取的。下面的记述便是力证：《广雅疏证》虽有嘉庆元年刻本，但他本如今辽宁省图书馆藏高邮二王校补本，皆见长期修订的痕迹。《经义述闻》虽有嘉庆二年等多种版本行世，但直至道光七年方有数经修订、自视满意的刻本。《经传释词》虽完成于嘉庆三年，竟迟至嘉庆二十四年才有刻本。至于《读书

杂志》，从文献记载看，肇始于嘉庆元年（1796）对《管子》的校勘；终结于两个时间段，一在王念孙生命结束前两个多月的道光十一年（1831）十一月，《读书杂志》正式结集，二在王念孙故世后的次年四月初一日，王引之将遗稿辑为《余编》。一本书耗时三十五年，不能不说是历经千辛万苦、千锤百炼。

以王念孙退休之年为界，此前王引之对《读书杂志》资料准备作得较多，王念孙公务繁忙，涉足有限；此后，王念孙一人挑起这副重担，王引之得暇才能与父亲切磋探讨，或做些联络工作。这年王念孙六十七岁。人生七十古来稀，在当时已算高寿，加上遭到处罚性退休的打击，老人心中不快，自然会生病。是否不能会客？不然，他因人而异，仍热情接待过像臧庸、陈奂等青年学者。此时他多用功著书立说，致力于《读书杂志》而交友、笔耕。

未及一年，待到嘉庆十六年夏，王念孙已草成《读战国策杂志》三卷。九月末，王念孙将誊清的三卷书寄给宋保，希望他指正。附函告诉他，展读其大著《谐声补逸》，以为许慎功臣，深引为同志。说到《谐声补逸》，是去年春夏间索要，而与勒令退休的通知同时收到的，王念孙左手拿着令他窝火的公文，右手捧着学友的著作，最终以静心平息了窝火。此时向宋保寄示三卷书，并附上一函，函末是为《谐声补逸》补正愢字、规字、莬字、昏字等音读计十六条。日后，该函由宋保辑入《谐声补逸》卷首，可见重视。而此书此函的寄出，昭示着王念孙走出罢官的阴影，开始联络同志，扩大其《读书杂志》的影响。

嘉庆二十年（1815），高邮二王正忙于撰著《读书杂志》，却有两笔文字债逼上门，债主是汪喜荀，一笔是为其父汪中著《述学》索序，一笔是为其父《行状》索稿。王氏父子稍作分工，正月初七日，王念孙序《述学》，六月初五日，王引之撰成汪中《行状》。王念孙撰《述学序》，出于向后世写《儒林传》的作者提供资料的用心，所述皆切中肯綮。王引之撰《行状》，陈述汪中生平事迹，罗列其学行，品评其文章、经术，极尽称颂，并言及其道德文章为父亲王念孙推服，自己的学识为汪中奖励，父子皆友于汪中的事实。

一篇古文引发的一个故事

20 世纪 70 年代及之前，接受过中等教育的人都学过从《战国策》选辑的古文《触詟说赵太后》，深为触詟的聪明才智和勇于任事的精神所感动。待到 80 年代，以朱东润为首席顾问，以叶圣陶等领衔撰稿的《古文鉴赏辞典》也选有该文，将"触詟"改成"触龙"，说是原先弄错了。其实早在二百年前，王念孙就发现了这个错误。《战国策·赵策四》"赵太后新用事"条中有这样一段话："太后明谓左右：'有复言令长安君为质者，老妇必唾其面。'左师触詟愿见太后，太后盛气而揖之。"《战国策》由西汉刘向整理成书。宋代姚宏有续注本、鲍彪重定次序新注本，元代有吴师道在鲍本基础上作补正。另外《史记》等书有相同记载。再看王念孙在《读书杂志·战国策第二》所述，就容易明白。王念孙写道：

> 吴曰："'触詟。'姚云：'一本无言字。'《史》亦作龙。案：《说苑·敬慎篇》：'鲁哀公问孔子，夏桀之臣，有左师触龙者，谄谀不正。'人名或有同者，此当从詟别之。"念孙案："吴说非也。此《策》及《赵世家》皆作'左师触龙言，愿见太后'。今本'龙言'二字误为'詟'耳。太后闻触龙愿见之言，

故盛气以待之。若无'言'字，则文义不明。据姚云：'一本无言字'，则姚本有'言'字明矣。而今刻姚本亦无'言'字，则后人依鲍本改之也。《汉书·古今人表》正作'左师触龙'；又《荀子·议兵篇》注曰：'《战国策》赵有左师触龙'；《太平御览·人事部》引此策曰：'左师触龙言，愿见'；皆其明矣。又《荀子·臣道篇》曰：'若曹触龙之于纣者，可谓国贼矣。'《史记·高祖功臣侯者表》有临辕夷侯戚触龙，《景惠间侯者表》有山都敬王侯触龙。是古人多以触龙为名，未有名触詟者。"

古代行文竖写，龙上言下，误合为詟。王念孙的论断，虽引起学术界的重视，并钦佩他的识见，但二百年来竟未作改动，可见还是持疑。1973年，中国出了件震惊学界的考古大发现——长沙马王堆汉墓。在三号墓出土的帛书，有一种类似于今本《战国策》的，其中"赵太后规用事"条，正是作"左师触龙言，愿见"。此信息一发布，全国语言文字学界为之震惊，简直有点神化王念孙了。当然新版的书籍也就纷纷将"触詟"改为"触龙"。王念孙的考证，从当代考古新发现的文献中得到证实的很多，就此点说王念孙神了，也不过分。

梁启超在讲清代学者校勘成绩时，列举应用五种方法分别取得卓著成绩的事例。其中第二种是根据本书或他书的旁证、反证校正文句的原始讹误。此法首先根据所校篇章的他书同文，取来比勘，也就是与最基本的第一种方法相近的方法。此外在缺乏他书比勘，专从本书各篇所用的语法字法中注意，或细观一段中前后文义，以意逆志，发现今本讹误处。他说这种例证不能遍举，把《读书杂志》等书看一两卷，便知其大概。接着又说，这种工作非眼光极锐、心思极缜密，而品格极方严的人不能做。清儒中最初提倡者为戴震，而应用得最矜慎、最纯熟，成绩卓著者为高邮二王。晚清学者朱一新说：校雠之学，并非专以审订文字异同。本朝诸儒于此独有偏胜，其最精者，如高邮二王校经、嘉定钱氏兄弟（大昕、大昭）校史，皆凌跨前人。张舜徽认为此话并不夸大。高邮二王在校勘方面的成绩，主要荟萃在《读书杂志》和《经义述闻》中。富金壁在《训诂学说略》中也强调这两本书是清人学术札记中最重要的。杨向奎在《清儒学案新编》中称许《读书杂志》更是汉学家中之正派著作。

《读书杂志》是一部以校勘为主，兼及训诂的专著，也是研究史部、子部、集部的力作；从而证实王念孙绝非满足于充当经师和汉学家的角色，而是倡导学术交融、强调学以致用的学者，由此及见他学术的多元化。该札记所校读的古籍有《逸周书》《战国策》《史记》《汉书》《管子》《晏子春秋》《墨子》《荀子》《淮南子内篇》九种，附《汉隶拾遗》一种，计八十二卷。《余编》两卷，王引之据其父遗稿编辑，上卷为《后汉书》《老子》《庄子》《吕氏春秋》《韩非子》《法言》，下卷为《楚辞》和《文选》。

读书人品尝的陈醋醇酒——《读书杂志》

王念孙突破经学樊篱，踏进史、子、集三部书的领地，择而深究，是得家藏赵用贤本《管子》检索之便开始的。这年是嘉庆元年（1796），他刚从巨著《广雅疏证》脱手的兴奋中沉静下来，又投身到更艰巨而持久的战斗中。

当时《管子》的研究在学术界备受冷落，处于几近无人触及的状态，为非主流学科。学无友则孤陋寡闻，王念孙虽然在紧张的工作之余，抽暇从事《管子》的研究，但是闭门读书，秘不示人。时至嘉庆十二年（1807），山东的两位学者型官员碰在一起，大谈法家管子其人其书，在邹鲁之地吹起一股新风，他俩就是运河道王念孙和督粮道孙星衍。孙星衍将辑录的宋本《管子》与今本互校的成果呈王念孙，王念孙视为志同道合的学友，就将昔时所校订的内容，择选重要的条目与孙星衍研讨，孙星衍见后拍案称赏。

此时，阮元的得意弟子、诂经精舍高才生洪颐煊正在孙渊如幕中，为幕主所校《管子》作审定。洪颐煊得便看到高邮二王合校的《管子》，更有幸聆听太老师王念孙的指教。洪颐煊正致力于《管子》的研究，现在获见孙、王的校勘本，又面对面地与孙、王切磋、辨析，不但识见陡增，信心更是百倍，就将孙、王校勘本细加比较，删削重复，附以自己的见解，著《管子义证》八卷，于嘉庆十七年完稿。《管子》研究的进程在推进，队伍在扩大。

嘉庆十五年（1810）五月初，臧庸赴京，经德州粮道署，因孙星衍督漕在外，暂留署中，与洪颐煊同校《管子》，原来臧庸久欲为此而未果，取手校原书，与王念孙所校，句栉字比，悦服之至，深以为王念孙解析透彻，深中事理要点。未隔多日，臧庸就抵达永定河道署，谒王念孙，面聆教诲，益知其人朴厚，学精审。从有关记载中多见臧庸助高邮二王校勘任大椿遗书，但对《管子》的讨论未尝不触及。

嘉庆二十四年三月十六日，王念孙为《读管子杂志》撰序，宣告此编有定稿。他在序中讲到工作本和参考本的互校及与王引之探讨的情况，并说明参考、采录明刘绩，时人孙星衍、洪颐煊研究心得和相关成果，综合自己的见解，得六百四十余条，成十二卷。《读管子杂志》很快在学界传开，受到众

107

多学者的好评，尤为王绍兰重视。这位同宗官至福建巡抚、署闽浙总督，因事被王引之弹劾而解职，但因学术上的同好，并未中断学谊。特别是他对高邮二王的崇拜远迈他人，从其专著书名也作《读书杂志》已见跟风，对《管子》的兴趣及日后撰成《管子·地员篇注》四卷，更证实他是高邮二王的追随者。

道光元年（1821）八月，王引之抵杭州主浙江乡试。王绍兰居萧山，相距不远，传递信息方便，曾将《管子》《淮南子》的研究心得寄交王引之。王引之对王绍兰的见解有"足破株守之习，有助后学正巨"的赞语，并承诺将这些研究成果载入《读书杂志·补遗》中。返京舟中，王引之认真阅读王绍兰的《管子说》《名字杂志》，再次发出"援据古训以释疑义，思力精锐，四通八达，信所谓实事求是"的赞誉。

老而弥笃，八十四岁的王念孙沉浸在书案上，翻检着《管子》《荀子》的校勘稿，丹铅在手，不时地圈点、修订着。这是道光七年（1827）陈奂入京谒王念孙时目睹的情景。王念孙极欣赏陈奂的才识，嘱他帮助校《管子》《荀子》。陈奂返乡后，听说黄丕烈尚藏有宋刻《管子》《列子》《淮南子》等书的校订本，他知道高邮二王深好这类古籍，在这年十二月中下旬致函王引之，通报藏书信息。次年，王引之嘱咐陈奂抄校《管子》，因其他原因直到十月也未能办成。后年九月，王念孙再次委托陈奂借抄。陈奂向汪士钟借得他珍藏的北宋《管子》，在誊抄、校勘的过程中，作《辨误》一卷，复与王念孙《读管子杂志》比勘，删削重复的内容，尚得六十余则。随后将抄校本和这六十余则校勘出来的新内容一并寄给王引之。时至十二月，王引之致书陈奂，告诉连收对方两函，及随函附上的宋本《管子》抄本与所校各条，并通报刊刻《读荀子杂志》和重刻

《经义述闻·通说》的进度。

这是有案可稽的有关《读管子杂志》校勘、刊刻的进程记录。这样算来，离启动此事的嘉庆元年，已过去三十三年；离定稿日，也已隔了十年。《读书杂志》全部刻成于道光十年（1830），前后竟耗去三十五个年头。不厌推敲，反复增补、修订，可谓陈醋醇酒，年代愈久愈好。

王念孙精校、顾广圻补正的《淮南子》

校勘《淮南子》，要追溯到嘉庆六年（1801）王引之向黄丕烈征求并嘱为传校各种版本始。十四年后的嘉庆二十年十二月二十日，王念孙撰成《读淮南子内篇杂志》。《淮南子内篇》旧有许慎、高诱注。宋人书中所引《淮南子注》略与今本同，而称为许慎注，实际上考证未详。道藏本题"许慎记上"，实沿宋本之误。王念孙所占用的版本，也就以道藏本为优，明刘绩本稍次，其余各本皆在这两本之下。他深感遗憾的是未能见到宋本。嘉庆二十五年春，尤擅校勘的著名学者顾广圻对《读书杂志》大感兴趣，寄函顾莼，请代为索取。王引之以《淮南子》寄赠，并要求顾广圻提供《淮南子》宋本、道藏本校勘记，及平日所校订而其父失校的内容。

顾广圻接受王引之委托，立即向汪士钟借来宋版《淮南子》，经比勘，发现确实比道藏本完善。在校勘过程中，将王念孙所校与宋版比对，王氏校订道藏以来各本的舛误讹错，多与宋版暗合，判断、论见极其卓识，令顾广圻十分钦佩。时至八月初五日，顾广圻完成任务。数日后，他将汇录成篇的所校异同各条，以及誊写清楚的经考证所得若干条，一并寄给王引之。王念孙将顾广圻所校勘的《淮南子》各条，题作《淮南子内篇补》，刊入《读书杂志》中，于次年即道光元年二月十六日竣事。王引之推崇父亲治学严谨求实、力争完善的风格，欣赏顾广圻是位近今罕见的熟悉古书体例，又善于推导考证的校勘学大师；有感于父亲的求真、顾广圻的精细，于此日作序记下这件展示清人治学精神的学术活动。

该年（道光元年）十月初五日前后，王引之主持浙江乡试结束，返京时途经扬州，与顾广圻相会，赠新刻《淮南子内篇补》及银钱。次年二月初一日，顾广圻致函王引之，感谢赠书及资助，复望授读《读书杂志》除已见赐的其他校本，并录文一篇乞正。顾广圻与高邮二王由校勘《淮南子》而拓展到更深入广泛的交流，从校勘其他书的相关情节中可得到证实。

至此，《淮南子》的校勘应该说画上完美的句号。出乎意料的是王念孙在道光四年（1824），再次嘱咐陈奂借抄并校勘汪士钟藏影宋抄本《淮南鸿烈解》。该北宋刻本，二十一卷，最善。字迹多模糊不清，校对颇不容易，但陈奂还是认真抄校，及时寄交王念孙。谁知道四年后的九月二十日，陈奂接到王引之函示，委托他抄录宋本《淮南子》，以《天文训》一篇先抄先校为盼。十月，陈奂抄录并校成《天文训》寄京，附函汇报《淮南子》全书已抄好三本，大体明春抄毕。然而抄校事未如陈奂愿，隔了一年，时至道光十年（1830）夏秋间才完成任务。王引之在八月收到陈奂寄来的宋本《淮南子》抄校本，大喜过望，发出"极承详细校雠，万分感谢"的回应。此刻离校勘《淮南子》肇始之年已过去三十一个年头，距王念孙定稿，并刊刻《淮南子内篇补》也有了九年。在如此漫长的学术征途上的跋涉，反映了一代学人坚忍不拔的精神。

王念孙校勘《淮南子》，费尽心思，订正九百余条，这成绩不可不称之伟大。但他仍不满足，又委托顾广圻代为借宋本复校，获得一些新的校勘、考证成果。照说这件事，凭王念孙的法眼是极易辨别并考证出正确结果的，但是他以学人的高尚品德，放弃了收在自己名下的通常做法，不愿沾上掠人之美的嫌疑，而是把顾广圻所校单独署名，作为《补编》收入。经顾广圻的增补，应该说在精善上走近极点，但王念孙仍然以未睹宋本为憾，再次请陈奂抄寄宋本《淮南子》。这一系列的举措和进程中，更显现出王念孙精益求精、实事求是的学人风采。

清人学术笔记中的绝唱

为什么奉王念孙为清人在校勘学上做得最极致的学者？是因为从"王氏四种"中可看出他极其高超的水平；又为什么视王念孙《读书杂志》为校勘学的标志性著作？是因为他从史、子、集诸类书中订正了数不胜数的各种错误；又为什么众口一词地推许《读淮南子内篇杂志》第二十二呢？那是因为该篇起着指点迷津、示人大道的作用，并可从中看出王念孙的博大精深、仔细审慎。该篇被罗振玉收入《王石臞先生遗文》卷三中，题为《读淮南杂志序》。这样可扩大此文的传播面，不失为一件好事，但它不是序，称序不妥，署作《淮南子传本致误原因》倒是明白。此文是王念孙就高诱、许慎两家注作的论述，说明他以道藏本为主，参以群书所引，订正九百余条的错误，并归纳致误原因，一半是传写讹误，一半是凭臆妄改。对此细加解析，条举例证，分门别类为六十多种。实例甚多，文繁不录，仅将其分类介绍如下：因字不习见而误者，因假借之字而误者，因古字而误者，因隶书而误者，因草书而误者，因俗书而误者，两字误为一字者，误字与本字并存者，校书者旁记之字而阑入正文者，衍至数字者，脱数字至十数字者，误而兼脱者，正文误入注者，注文误入正文者，错简者，因误而致误者，不审文义而妄改者，因字不习见而妄改者，不识假借之字而妄改者，不审文义而妄改者，不识假借之字而妄加者，妄加字而失其句读者，妄加数字至二十余字者，不审文义而妄删者，不识假借之字而妄删者，不识假借之字而颠倒其文者，失其句读而妄移注文者，既误而又妄改者，因误字而误改者，既误而又妄加者，既误而又妄删者，既脱而又妄加者，既脱而又妄删者，既衍而又妄加者，既衍而又妄删者，既误而又改注文者，既误而又增注文者，既误而又移注文者，既改而又改注文者，既改而复增注文者，既改而复删注文者，既脱且误而又妄增者，既误且改而又改注文者，既误且衍而又妄加注释者，因字误而失其韵者，因字脱而失其韵者，因字倒而失其韵者，因句倒而失其韵者，句倒而又移注文者，错简而失其韵者，改字而失其韵者，改字以合其韵而实非韵者，改字以合韵而反失其韵者，改字而失其韵又改注文者，改字而失其韵又删注文者，加字而失其韵者，句读误而又加字以失其韵者，既误且脱而失其韵者，既误且倒而失其韵者，既误且改而失其韵者，既误而又加字以失其韵者，既脱而又加字以失其韵者。统观上述分类，其中正文、注文中因误、脱、增、删、移、改而造成的错误有四十四种；另十八种，则是指行文中的韵语，也因误、脱、增、删、移、改而产生的错误。从《读淮南子内篇杂志》中订正的内容看，还远不止上述分类，王念孙也是略举其端以见例，对于那些讹谬得太严重、太离谱的，他建议读者看《读书杂志》本条的具体内容，因为在此略说是无法说清楚的。

民国初著名学者胡朴安说：校订先秦诸子书，以清儒为盛；清儒中，以王念孙为精；王氏而后，则推俞樾、孙诒让。又说：清代朴学始于戴震，传之江苏，为高邮二王；流风所播，至于浙江俞樾、孙诒让。这两位晚清著名学者传高邮二王衣钵，尤于校勘方面，奉王念孙说为金科玉律。孙诒让论述校勘流派时说："综论厥善，大抵以旧刊精校为据依，而究其微旨，通其大例，精研博考，不参成见。其诇正文字讹舛，或求之于本书，或旁证之他籍，及援引之类书，而以声类通转为之锟键，故能发疑正读，奄若合符。及其蔽也，则或穿穴形声，捃摭新异，凭臆改易，以是为非。乾嘉大师，唯王氏父子郅为精博，凡举一义，皆确凿不刊。……我朝朴学超轶唐宋，斯其一专与！"孙氏自述，道出高邮二王在校勘上的良方妙法，也为胡朴安说加一显证。

后来众多学者的论见，皆祖此说。梁启超说王念孙"根据本书或他书的旁证反证校正文句之原始的讹误"，"最精最慎，随校随释，妙解环生，实为斯学第一流作品"。又说俞樾私淑高邮二王，如他著《群经平议》模仿《经义述闻》，著《诸子平议》模仿《读书杂志》，用王家的方法，补其所未及。当代著名语言学家周祖谟说：在校勘名家辈出的清代，功绩最大，方法和态度最审慎的首推高邮二王；我们现在讲校勘方法也就以高邮二王为正宗。

二、段玉裁、陈奂师生与王念孙的学谊

王念孙与师兄段玉裁

嘉庆二十年（1815）十二月二十日，王念孙撰成校勘学总结性的论文《读淮南子内篇杂志》第二十二时，已是中风病瘫在床的七十二岁老人，可他雄心未减，意在必夺，仍向纵深拓展。该年九月初八日，师兄段玉裁逝于苏州的噩耗传来，他很痛

心。日后他见到段玉裁的弟子陈奂，哭着说："天下遂无读书人。"

段玉裁（1735～1815），镇江府辖金坛人，字若膺，号茂堂。乾隆二十五年举人，历任玉屏等县知县。乾隆二十三年前后读书于扬州安定书院，深受扬州学术影响；二十八年前后，其弟段玉成受江苏学政李因培识拔，也安排他入安定书院学习，同学称为"二段"。段玉裁与王念孙是戴震仅有的两位入室弟子，皆治小学，虽然直至乾隆五十四年方晤面于京师，但相互心契已久，后以学术相交二十多年。

依徐铉主校《说文解字》三十卷计，段玉裁逐一注成，苦于刻资无从着落，求助于阮元。阮元适遭父丧，力有不逮，仅刻一卷，而建议发动众友合力完成，惜响应的人不多。王念孙在嘉庆十一年（1806）赞助四十两白银，段玉裁在两年间用于支付刻资。嘉庆十五年，段又致函王，诉说此前相助刻资移作家用，再次索要刻资。按事理推算，这肯定是第三次，或许是第四次，对家境并不富裕的王念孙来说，已是倾囊相助了。

上述事小情真，能见段、王关系密切，而更能展现其友谊的是学术上的互动。乾隆五十五年（1790），段玉裁读到《广雅疏证》时，如入"桃源仙境，窈窕幽曲，继则豁然开朗"。次年八月，段玉裁就其书总结出"小学有形、有音、有义，三者互相求，举其一可得其二。有古形、有今形，有古音、有今音，有古义、有今义，六者互相求，举一可得其五"。并撰序称王念孙"能以三者互求，以六者互求，尤能以古音得经义，盖天下一人而已矣!"赞誉虽高，然确是实情，绝非阿私。

嘉庆十年（1805）十二月，段玉裁致王念孙函，谢其赠送《经义述闻》，并通报《说文解字注》将得完稿，请赐序。此函因故拖延至次年四月初二日由其弟玉立赴京面呈。王念孙迟未下笔，经深思熟虑，在嘉庆十三年五月才撰成《说文解字读序》。当时段玉裁尚索得卢文弨、沈初两序，当《说文解字注》付刻时，竟弃卢、沈两序，唯将王序冠于卷首。器重若此，真为罕见。王念孙称赞段氏书一千七百年无此作，为功巨大。同时不无得意地标榜自己：我交段氏最久，知段氏最深，又皆从事小学，故能说出段氏荦荦大者。

段、王学术互动的事例颇多，举为对方著作撰序，反映的不单是一般的交流和象征性的捧场，而是名著配名序。诚如段玉裁所说："皇甫之序《三都》，声价倍增。"两书为清代小学研究的经典著作，两序则是中国古代语言学的指导性论文。其学术价值，可以从周斌武选注的《中国古代语言学文选》中打探出高低。该书是一部颇具权威性的选本，编者从自古以来著名的中国语言学家中遴选出十七位大师的三十三篇论文，而前述两序在该编中闪亮夺目。

著名语言学家王力说："清代是小学的黄金时代。"特别是乾嘉时期，段玉裁、王念孙将小学推上巅峰，取得划时代的成绩。在学术界则已形成共识："段王之学"就是集乾嘉学派之小学大成者。对这一美誉，王力有着让人心悦诚服的解析："文字本来只是语言的代用品。文字如果脱离了有声语言的关系，那就失去了文字的性质。但是，古代的文字学家们并不懂得这个道理，仿佛文字是直接表示概念的：同一个概念必须有固定的写法。意符似乎是很重要的东西；一个字如果不具备某种意符，仿佛就不能代表某种概念。这种重形不重音的观点，控制着一千七百年的中国文字学（从许慎时代到段玉裁、王念孙的时代）。直到段玉裁、王念孙才冲破了这个樊篱。文字既是代表有声语言的，同音的字就有同义的可能；不但同声符，不同意符的字可以同义，甚至意符、声符都不同，只要音同或音近，也还可能是同义的。这样，古代经史子集中许多难懂的字都讲清楚了。这是训诂学上的革命，段、王等人把训诂学推进到崭新的一个历史阶段，他们的贡献是很大的。"段、王之学植根于扬州，又以文字、音韵、训诂为专攻对象，为乾嘉学派中考据派之魁首，也是扬州学派先导人物。

王念孙与段玉裁的弟子陈奂

京师西江米巷王宅，虽不算门可罗雀，但车马不多，冷清得很。嘉庆二十三年（1818）某个秋日，王宅突然热闹起来，一个青年跟门房争执，引来不少人围观。门房说老主人卧床多年，不与外人周旋，来者无多，生人不见。青年平静下来说："你替我通报一下姓名，如若你家老主人不肯见，就作罢。"围观者起哄："此话有理，通报一下为何不可！"门房无奈，问了姓氏，来人答道："苏州陈奂。"门房掉头步入寝室，刚报上来者姓名，王念孙竟猛地坐起，一面对门房说："是我朋友段玉裁的高足，早就想见他，快请他进来。"一面穿衣下床，由仆人扶入厅堂。王念孙未见陈奂，先唤其名，并高声嚷道："段玉裁死，天下读书种子几乎要绝，你能继段君而起，如见故友。"七十五岁的老人不问辈分，要和三十二岁的陈奂结忘年交。

陈奂（1786~1863），字硕甫，号师竹。二十五岁从江沅治小学。段玉裁将刊刻其《经韵楼集》，以未定稿嘱江沅校订，陈奂私自取来，见其讹误处，以朱墨纠正，受到段玉裁的赏识，收为入室弟子，命治《毛诗》《说文》。陈奂久知段、王之谊，段氏亡故后，意欲投身王念孙门下，而被引为忘年交。

初次见面，刚入座就切入主题，王念孙询问陈奂的造诣和志向。陈奂一一回答，并求问：西汉毛亨《毛诗故训传》皆古文，与东汉群儒不同，宋丁度《集韵》为音诂大总汇，愿治此二书，不知可否？王念孙强调凡学者著书，必须日定课程，贵在始终，不可中途而废。并具体指导：《集韵》俱载《类篇》，开始以《类篇》校《集韵》，再以《说文解字》《经典释文》《玉篇》《广韵》一一校讫。举韵内误收的字，逐一列出，详加辨识，学者自当解惑释疑。至于著书，要下读经十年、校经十年的苦功，才能成功。可以先治《毛诗故训传》，待有成果，再治《集韵》不为迟。

次年，已经返里的陈奂意外地收到王念孙的来信，想不到此老一直关心他的研究，认真看他的著述，认为极精审，表扬他是个严谨、细心的学者。还提醒他，治《集韵》重在考古人音读，对汉魏后的音转、音变等都应该深加注意。再就是先做纠讹辨误的工作，如将"许九"讹为"许元"之类的纰缪查检出，得出正确结论，这种廓清之功是很伟大的。另外就陈奂的求问，书录《毛诗故训传》与《集韵》的研究成果各三条，供其参考。又就询问古韵部分，就将从段玉裁《六书音韵表》十七部中，分出另外四部，合为二十一部的内容随函附上。这封论学函长达两千余字，王念孙以精美工整的小楷书写，陈奂精心装裱成长卷，尊奉为圭臬。

除夕日，陈奂收到王引之寄来新刻《经传释词》；次年（嘉庆二十五年）正月初五日，又收到论学函。陈奂随后致王引之答谢信。"谢"只是客套，主要是汇报读《经传释词》的心得，该函必经王念孙过目。陈奂在信中说：《经传释词》究心研读，始知经传中有实义字而为助语者，有虚义字而为数训者，深以为该书值得学者效法和使用。另外就王引之指教"雍种"一则，以幸得就正有道存削佚裁而深表谢意。又附字义两条、释经两条，录请二王训正。

道光五年（1825），陈奂三次寄函王引之。其中一函为贺信，因该年九月王念孙重赴鹿鸣宴。另一函寄示《毛诗传义》五则请正。王引之称其讨论精彩。并告诉他三家《诗》训诂字皆在注中。未尝取以代经，其正文字异，仍是师传本子可知。故其字虽异而声则同，非若司马迁以训诂字代经，义同而声异。次年正月，陈奂收到王引之来函及王念孙《恭纪与宴诗》六章。来函细析其父分韵二十一部之理，与四家《诗》师传异同情况。未久，陈奂函复王引之，汇报用《经传释词》之例，读《毛诗故训传》例，寻其词句，依训类推，求得条理。

随后一直到道光十年，陈奂继续与高邮二王讨论《毛诗故训传》及其他学术问题，同时多次接受他们的嘱咐，为《荀子》《淮南子》《管子》等书的校勘，及誊抄善本做了许多工作。陈奂与高邮二王的学术交流，透析着乾嘉学术的传承，以及对近代学术研究的推动作用；反之青年学子的朝气也感染着老一辈学者，或许正是嘉庆二十三四年间，陈奂求问古韵及《集韵》的疏证方法，再次点燃了王念孙在青年时代就埋下的深究古韵的火种，使沉睡几十年的研究重新启动，更上一层楼，终于昭示天下，传之后人。

三、老来审少作，终生研究古韵的成果

晚年古韵研究，遇上李赓芸、江有诰两知音

陈奂求教古韵，给了王念孙新的触动，他在嘉庆二十四年（1819）给陈奂的信中，公开指摘段玉裁《六书音韵表》所分十七部未及完备，从中分出缉、叶、帖一部，合、盍、洽、

118

狎、业、乏一部，质、栉、屑一部，祭、泰、圣、夬、队、废
一部，共为二十一部。月、曷、末、黠、镈、薛则统于祭泰
部，去声之至、未、霁，入声之术、物、迄仍是脂、微入也，
若冬韵则合于东、钟、江而不别出，此起崖略。

　　道光元年（1821）秋，王念孙致函江有诰，告诉他读其
《诗经韵读》《古韵总论》的感受。并讲及自己治古韵的历程，
其紧要处是早在年轻时就分古韵二十一部，未敢示人。乾隆五
十四年（1789）八月，王念孙与段玉裁相晤京师，商讨古韵。
王念孙提出："'侯'部自有入声；'月''曷'以下非'脂'
之入，当别为一部；'质'亦非'真'之入；又'质''月'
二部皆有去而无平上；'缉''盍'二部则无平上而并无去。"
段玉裁同意二则，否定三则。后来时有讨论，段玉裁虽自诩深
晓音韵十七部，并绅绎成书，但还是承认不如王念孙。阮元曾
给学海堂学长吴兰修一函，从中可打探出段、王古韵研究的信
息。信中讲及古韵的分合，认为近今唯段玉裁《六书音韵表》
十七部为善。同时指出王念孙精研六书音韵，欲著《古音》一
书，因段氏成书，于是辍笔。但是他分二十一部，甄别《诗
经》《离骚》等韵，剖析毫芒，不但精于段玉裁，更精于陆
法言。

　　手中写着与江有诰论韵学函的王念孙，反倒想起嘉庆二十
一年（1816）正月，他给李赓芸的一封论古韵的信。那年李赓
芸耳闻王念孙分韵与段玉裁不尽相同，致函求教。王念孙将见
解函告李赓芸。这封论古韵的信阐述二十一部分韵主张："分
为二类：自东至歌之十部为一类，皆有平上去而无入；自支至
宵之十一部为一类，或四声皆备，或有去入而无平上，或有入
而无平上去，而入声十一部皆有之，正与前十部之无入者相
反。此皆以九经、《楚辞》用韵之文为准，而不从《切韵》之

例。"并详述了四条与段玉裁所考不相合的内容。还抄示《古韵二十一部通表》：1. 东，2. 燕，3. 侵，4. 谈，5. 阳，6. 耕，7. 真，8. 谆，9. 元，10. 歌，以上十部皆平上去；11. 支，平上去入；12. 至，去入；13. 脂，平上去入；14. 祭，去入；15. 盍，16. 缉，以上二部皆入；17. 之，18. 鱼，19. 侯，20. 幽，21. 宵，以上五部皆平上去入。

李赓芸是钱大昕的入室弟子，被钱大昕视为与阮元比肩的才俊。乾隆五十五年进士。王念孙与他通信之年的九月升任福建布政使，然而未及两旬，即受诬而被拘押，次年正月自尽。李赓芸的殒命之祸，殃及池鱼，致使这封阐述古韵二十一部分韵主张的论学信失去一次重要的传播机会，使这一成果又冷落数年，直至道光七年（1827），王引之重刻《经义述闻》，才将此函及韵表揽入卷三十一。

当时江有诰所询与昔时李赓芸求教皆相同，于是将那封论学信誊抄一份随函寄给江有诰。此函隔了一两个月，辗转经胡培翚送达，已是十月二十八日。江有诰见函中颇多赞语和共识，自幸又得一知己。再细阅王念孙当日寄示李赓芸函及韵表，尽知王念孙在古韵研究上的高见。江有诰立即函复王念孙所询论古韵事，附呈已刻著述数种。

道光三年初春，江有诰写信给王念孙，求教数事，并汇报撰写《唐韵四声正》《四声韵谱》的情况。待到三月二十五日，王念孙函复江有诰。江氏来函认为：《楚辞》分用者五章，合用者七章。王氏答：与《文选》《古文苑》所载宋赋相合。就合去、入二声而论，《楚辞》分用者有七章，合用者仅三章。江氏又问："今若割至、霁与质、栉、屑别为一部，则脂、齐无去、入矣。二百六部中，未有有平、上而无去者也，且至、霁二部，为质之去者十之二，为术之去者十之八，宾胜于主，

120

无可擘画，若专以质、栉、屑成部，则又有去声数十字牵引而至，非若缉、盍九韵之绝无攀缘也。"王念孙说，前呈与李赓芸论古韵书中皆有详析，细看一下便知原委。对于江有诰所撰两书，王念孙表现出异常的兴奋。原来他对顾炎武四声一贯说向来不以为然，对此有深入的研究，只是草稿未定，想不到出门同轨，竟与江有诰书大略相同，可证其说不孤，发出"鄙著虽不刻可也"的感叹！

分古韵二十二部，为清代古音研究集大成者

王念孙对古韵的研究，即便道光七年已将所分二十一部刊刻于《经义述闻》中，仍觉得有未妥帖处，直至生命尽头，依然萦系心头，难以释怀。此说可从他与另一位学友，即小他二十六岁的丁履恒的交流得到证实。丁履恒（1770~1832），江苏武进人，字道久，号若士。嘉庆六年拔贡。道光七年授肥城知县。师从卢文弨。著有《说文谐声类篇》等书。晚年赴京师，拜谒王念孙，呈所著《说文谐声类篇》求正。王念孙阅后，称其论韵诸篇，精心研综，纤悉靡遗，本韵、合韵，条理秩然。

王念孙审读全书，签出三十五条，拣最重要的二十八条誊录清楚，并附上一函寄交丁履恒。王念孙在这封信中首次提到分古韵二十二部，并说与丁履恒所著大略相同，"惟质、术分为二部，且质部有去声而无平、上声，缉、盍二部，则并无去声。又《周颂》中无韵之处，不敢强为之韵，此其与大著不同者"。对所签三十五条，下录一条，管窥蠡测，能见大概：

张氏（惠言）之书（指《说文谐声谱》），某（王念孙自称）所未见。其合缉、盍二部为一，非也，而谓为无平、上之部，则正与鄙见相同。盖入声之分

配平、上、去，必以三代之音为准，考《三百篇》、群经、《楚辞》所用缉、盇二部之韵，皆在入声中，而无与平、上、去同用者，至于老庄诸子，无不皆然，则此二部之本无平、上、去明矣。虽"我位恐贬"之"贬"本从"乏"声，然亦如"劳心怛怛"之"怛"之从"旦"声耳，不得因此而遂以乏为凡之入也。谐声之字，原多转纽，且如真、臻、先之于质、栉、屑，谆、文、殷、魂之于术、物、迄、没，元、寒、桓、删、山、仙之于月、曷、末、黠、镨、薛，其偏旁之互通者多矣，然而卒不能通何也？以《三百篇》之不同用也。大著兼用顾（炎武）、江（永）、段（玉裁）、孔（广森）、张（惠言）五氏之书，其入声之分配平、上、去，皆不用《切韵》之例，而此二部独相沿而不改，是两歧之见也。

丁履恒收到王念孙来函及签正二十八条，不胜荣幸，于是发函致谢。他在信中说深受教益，尤其对分韵二十二部，祭、月别出，发明新意，极有创见；结合自己所分十九部，依王念孙所析，分出至、质一部，缉、盇二部，也表示理解，只是尚未重加搜讨，未能形成共识。时当酷暑，丁履恒不敢打扰高龄又卧病在床的王念孙，在信中相约，待新凉后登门拜谒，面聆教诲。

丁履恒书收录王念孙签记。原签三十五条，其中有几条在刻本中删除，是丁氏因书稿中的错误经王氏指出，就将错误的原文删去，相关的签条也就没有必要保留。丁氏相当程度地接受或尊重王氏的意见。从王、丁的交流，还透露出一个重要的信息，就是此时王念孙已公开发表古韵二十二部之说。

王念孙的古音学著作有《毛诗群经楚辞古韵谱》两卷，未刊刻，稿本几经辗转为罗振玉搜得，辑入《高邮王氏遗书》中。另有《诗韵》清抄本、《周秦诸子合韵谱》稿等散佚的古音学著作尚存人世。尤其是《周秦诸子合韵谱》，是王念孙晚年定稿，已分东、冬为二部，为王念孙、丁履恒往返函中所述二十二部一说得一实证。

夏炘在《古韵表集说》中综括各家古韵研究成果时说：段玉裁以质、栉、屑、隶真固非，即江有诰以之配脂也未妥当，只有王念孙的见解，诚为卓识。章太炎给刘师培的信中说：古韵分部，我取王念孙二十一部分韵外，再将东冬分部，增冬部为二十二部。章太炎没有看到王念孙与丁履恒的往复论古韵书，也未见王念孙《周秦诸子合韵谱》，对王氏已分东、冬并不清楚，但能在王氏的基础上增一冬部，与王氏所分若合符契，不能不说私淑王念孙的章太炎，是真能传衣钵者。王力在《论古韵分部异同》中说："诸家古韵分部，各不相同，大抵愈分愈密，鄙意当以王念孙为宗。"杨向奎也附和着说"王念孙为诸家中之大宗"，在中国古音韵学的研究中有突出成就。

第7章

文章经济兼能，重臣硕儒并称

一、施政以安定民心为要，教育以端正品行为准

由御用文人步入执掌实政的起点

嘉庆十五年（1810）九月，王引之奉养老父王念孙，王念孙无官一身轻，少了精神负担，一门心思做学问。王引之仍返翰林院，于次年五月分教庶吉士，皆是闲职，虽不能像父亲专心致志，总能抽出时间张罗一些事。他为校勘任大椿《小学钩沉》周旋于父亲与臧庸之间，得暇还在臧庸寓所同赏"韩旭墓志石"拓片。

这两年最重要的学术交往，当数与宋翔凤的书信论学。嘉庆十六年五月初九日，宋翔凤将他与陈寿祺讨论《尚书》的书函呈王引之指正，又递交讨论《尚书》古今文差异的文稿。王引之立即函复，称赞宋翔凤的论说"极承匡救"，"受益何穷"，然后申说自己的见解。宋翔凤函深得王引之重视，题作《某孝廉书》收入《经义述闻》卷四，并于多处详加按语。

八月，王引之受嘉庆帝差派随扈木兰狩猎。行抵热河，嘉庆帝命他留驻避暑山庄，偕同庆桂、徵时若、聂镐敏辑录避暑山庄所藏乾隆帝历年御笔。事毕，王引之赋七律三首记其事。九月二十九日，又以翰林院侍读学士衔充日讲起居注官，纯是御用文人生涯。次年，王引之的宦途骤变，步入拼命做官的征途。这年五月，王引之迁通政使司副使。通政司执掌汇收各省题本以送达内阁，为奏事的中转机构，职权说大不大，说小不小，就凭控制奏章进退和送呈的快慢，已见其实属要害部门。该司最高长官为通政使，为大九卿之一，王引之任副职。上任伊始，王引之查得吏、兵二部奸胥舞弊，经常接受贿赂而有意压搁奏章，迁延误事，达到贿主的目的。他很快查实某省一本，逾时误事，讯得实情，严加惩处，压搁之风顿除。

王引之既富文才，又富吏才，廉洁勤政，自然得到长官的赏识。嘉庆十八年（1813）八月初八日，王引之升任太仆寺卿。十月初九日，升任大理寺卿。清代大理寺地位较其他卿寺为高，是正三品衙门，专管案件的复核驳正。清代制度以大理寺、刑部、都察院为三法司，负责审理重大疑难案件，俗称"三司会审"。遇有应议大政、大狱，大理寺还参与六部、都察院、通政司会议，称九卿会议。王引之任大理寺卿，为最高长官，位列九卿，官阶三品，官不可谓不高。

这年京师附近地方遭灾歉收，民乱频生。先是九月十五日，林清率领天理教教徒攻打皇宫。十七日，林清被捕。二十三日，嘉庆帝亲审林清及内应太监刘得才等，判处极刑，事息。待到十月，京城严禁粮食出城，饥民乏食，怨声载道，苦不堪言。王引之奏请弛禁，指出例禁粮食出城，用意是防止驻京士兵乏食，及杜绝回漕的弊端，并不禁运民食。现今发生饥荒，不加区别全禁，势必造成饥民严重乏食，后果严重。他虽无地方之责，但事关民瘼，不得不请弛禁。王引之的奏章为清廷重视，米禁放宽。十一月，在讨论圆明园卫成时，有廷臣建议加筑圆明园宫墙及增派卫兵。林清起义事发未久，谁不迎合皇帝加强宫廷保卫？绝不会扫皇帝的兴。而王引之独持反对意见，认为劳民伤财。嘉庆帝采纳王引之的意见，并称赞他忠诚为国，能说人不敢说的话。

学政任期三年，该年换届，黄钺以侍讲学士出任山东学政，未届期就于次年三月二十三日改任内阁学士，转而派王引之接任。此前虽有差派大理寺卿出任学政，但事非特殊，似不多见。王引之赴任前请训，嘉庆帝在谕令他以整肃士子风气为首务后，嘱咐他一件特别任务，即山东省某些大吏声名平常，望秘密调查，查实后立即奏报。听话听音，王引之清楚受命所查官吏，皆在巡抚、布政使、按察使之列，知道事关重大。在春明景和的日子里，王引之肩负重要使命，侍奉父亲王念孙，并携带父子俩皆喜好的大批书籍，乘舟赶赴山东济南。

以宣传教化、端正人心为首务

学政在任期内，要两次走遍全省各府、州、县视学，并主持或监督各类考试，这样就接触到大量的人和事，能深入了解民情。历来学政还有一项特殊的任务，就是考察上至封疆大吏，下至府、州、县官的吏治和廉政。另外学政往往是省级官员或中央政府官员的预备人选，外放此差是对他们的一次重要培训和锻炼。

嘉庆十九年（1814）四月，王引之抵任后，观察社会动态，暗中查访隐情，尤其关注各级官吏的名声。他发觉该省吏治废弛，地方凋敝，官民交怨，讼狱繁兴，仓库空虚，人情刁悍。查得巡抚同兴昏庸无能，玩忽职守，多听任布政使朱锡爵摆布。朱锡爵平常就奢侈豪华，综理财赋漫不经心，支发军需毫无头绪，并时常邀戏班在署中演出，铺张浪费。特别报告在六月间，金乡县又发生不法之徒聚众起事。嘉庆帝见到王引之的密报，他事姑且不论，单一项金乡县出现聚众闹事就让他大为恼火。想想林清事发前后，就有其党徒在山东活动，险成大乱。如今事平未久，山东又引发乱民聚众滋事，而巡抚竟隐匿不报，如此渎职，实在可恨。立即派章煦、那彦宝前往调查。经钦差在山东勘查、核准，果然如王引之所报，立即奏请，奉旨将同兴、朱锡爵革职查办。核查、审理干净利落，得力于王引之的实心办实事，故而王引之得到嘉庆帝"忠实可大任"的评语。

嘉庆二十年（1815）十一月，在林清事发两年后，忧心忡忡的嘉庆帝为巩固政权打算，认为治民之道不外乎教养二端。他取"三礼"中有关礼教的条文，倡导六礼节性、八政防淫，结合古代帝王派出了解民情的使臣，摇响铜铃，召集民众宣布政教法令的方法，传达各省学政仿此执行。嘉庆帝是个励精图治的帝王，在林清事件上并未实行宁愿错杀一百、绝不放过一个人的做法，而是清醒地推行加大教化力度、防患未然的措施。他明智地想到学政执行此任的多种便捷和有效：一是学政都是慎简的文化官员，本身肩负教化职责；二是按试州郡，远近必到，于该省风土人情及其他一切情况不难查访周知；三是身为一省抓教育的最高长官，又有与省长相同的奏事和参劾的权力，较易拓展教育面，带动一批文化人和绅士，扩大宣讲队伍，同时有能力将不法的起事制止于萌芽状态。王引之是嘉庆帝最看好的这类官员。

在封建社会里，教育对下层民众而言，纯属教化。林清滋事，教徒多山东人。王引之身处此时此地，以正风俗为首务，每当莅临校舍讲学后，皆告诫诸生：你们身列学宫，读的是孔孟之书，孔子以"攻异端"为戒，孟子以"正人心"为本，你们的教养优于老百姓，必须先正己方可正人。王引之接到嘉庆帝命令后，一面在按试各地召集诸生时，宣读圣谕广训，罢黜异端，高崇正学；一面撰《阐训化愚论》《见利思害说》，发交各州县刊刻公示民间，并责成所有生员遍行宣传。《阐训化愚论》要旨是强调山东人生长于孔孟之乡，当谨守孔孟之教。并呼吁民众，从今而后，曾经习教的人，可以悔过自新，未入歧途的人，继续走正路。使普天下的人知道秉承尧舜之教化者，唯山东最醇；闻孔孟之风气者，唯山东人当之无愧。进而提醒广大民众，坐视同里之人陷于邪术而不救，是谓之不仁；任邪术之横行而自己也受蒙骗遭害，是谓之不智。再次吁请文化人头脑要清醒，协助政府做好教化工作，不要当腐儒。

封建社会的黑暗不堪言说，贪官污吏的欺压，土豪劣绅的敲诈，奸商巨猾的盘剥，造成农民起义、民众起事频频发生，清嘉庆期也不例外。作为主管教育的文化官员，王引之的作为立足于维护封建政权的统治，这是时代的局限，不必用今日的标准审视他，唯有着眼于他为官清廉，关心民间疾苦，用心良苦地寻找到在当时不失为一种积极的方法，为构建和谐社会尽力。这些还是应该肯定的。

严格科考制度，整顿士习学风

山东省吏治废弛，学风也令人担忧，舞弊作假的陋习盛行，冒名顶替的事件频出，严重地破坏了正常的教育秩序，也玷污了清白而神圣的教育殿堂。王引之大力整顿不良风气，奏请申严"五童互结法",令考生先期互相认识,待到考核时,挨次点名,吩咐他们辨认。此法行之有效,冒名顶替的刘云汉等人败露,按律将他们法办,极有震慑力,风气改观。嘉庆帝表扬他:"以实心整饬士习,勖励之!"

王引之为防止院、府、州、县试考场中作弊,除出公告警示,执行上述"五童互结法"外,还实行"招复后细对连三卷笔迹"的检查。考试之日,王引之亲率教职人员逐一对号稽查,并在起讲(八股文破题、承题后的一段)下印用图章,防止越号倩代、等候传递等弊漏。生员、童生皆知畏惧,舞弊事鲜见。

在衡文校士,选拔人才方面,王引之也颇费心机。他自嘉庆二十年正月二十七日始,至四月十四日止,按试曹州、兖州二府及济宁直隶州,经考核仅见济宁州本州金乡县及曹州府辖单县、兖州府辖滕县文艺较优,惜法则生疏,根柢未厚,仅选拔书理吻合、内容丰富者拔置一等。对于生童,录取字句明晰通顺的为附生;对那些诗律不调、字体讹错的,发还落选试卷时,皆圈点详批,给予指示。

王引之一路视学走来,总觉得博通经史、学养深厚的学子罕见,心中颇不快。这年,著名学者、同年友、山东栖霞人郝懿行致函王引之,恳切地提醒他:"齐鲁之士,多才气而少术学,是其一病。"经学因孔孟而大盛,如今在孔孟之乡,虽不至于斯文扫地,但好学深思、博极群书、腹笥宏富、根底扎实、能推明古训、实事求是的学人难以寻觅。郝懿行建议王引之利用视学所到,衡文校士之便和统管教育的职权,改变山东学风。待到行抵沂州府时,总算有一意外发现,年方十八岁的少年才俊、日照人许瀚,博综经史,雅好金石文字,深得王引之赏识,命补州学生员。

山东地界还出了一件怪事，有违常理，就是州、县官员不能与生员、监生和睦相处，而生员、监生也经常干预公事，闹得不可开交，造成地方当局顾头不顾尾，不加以制止，势必酿成祸乱。前此学政或袒护生监，或包庇州县。王引之认为：包庇州县使官吏不畏法，袒护生监则士不立品，皆不妥。王引之细加审视，评判曲直是非，学政教育好生监，疆臣管理好僚属，互不偏袒，秉公办事。严格按此执行，于是士习端正，官风整肃。

王引之在山东学政任上，以整肃官场风气，宣传教化，更新民风，严格科场制度，打击生监恶习，改善社会风俗，端正人心为首要任务。这是钦命难违，在非常时期不得不为之，也是他吏才的一次杰出表现。但他不废学问，重视文化教育，在百忙中还抽出时间做学问，并与有关学者交流，其间与郝懿行交往较多。当时郝懿行居家，正笺记沈约《宋书》，编写晋、宋《艺文志》，得学友邻近之便，怎能轻弃，多次致函王引之求教，另外就所著《山海经笺疏》也一并乞正。因王引之随身携书不全，郝又附上毕沅《山海经新校正》、吴任臣《山海经广注》及《玉篇》《广韵》等，可证交往甚密。王引之拼命做官之余，还是跟随行奉养的父亲拼命做学问。

二、平冤案，治灾害，与民休戚

钦差平冤案，干练大臣展示吏才

王引之任满返京，已是嘉庆二十一年（1816）十月，待到十二月十六日，即升迁都察院左副都御史，与原任大理寺卿官阶虽同，但掌事继六卿之后，头衔居三品之先，地位强硬多了。都察院是清代中央最高的监察、弹劾机构，专职对君主进行规谏，对政务作评论，对大小官吏行使纠弹。其长官为左都御史、左副都御史。王引之在学政任上已担负监察任务，从随后发生的事，证实这种委任是正确的。

就在王引之返京之时，福建省出了件惊天大案。为何说得如此严重？实因当事人非一般百姓，而是一位布政使，况且被牵扯进去，遭到解职法办的上有总督、巡抚，下至府、县吏，震惊朝野。当事人李赓芸学者的身份，前有所述，同时他也是循吏。嘉庆三年冬，九卿中有人密荐他为卓异官。嘉庆帝特旨询问巡抚阮元，阮元以"浙江省第一贤员，守洁才优"复奏。官声极佳，故能由县官逐步升迁，时至嘉庆二十一年九月官福建布政使，正当大展宏图、为国为民尽力之时，飞来横祸落在他头上。

事非一时，祸起于漳州恶俗"械斗"，即两族间遇有争执，往往持枪炮火拼，被打败的告官，官拘人犯，人犯藏匿，甚至反抗，县令就请绿营兵抓捕，军费却要县里负担，县财政愈发困难。李赓芸初任漳州知府，辖区内归德堡某姓械斗，龙溪令黄懋修束手无策，李赓芸初来乍到，缺乏处置械斗的经验，一时也无措施。僚属中有代理平和县知县的教谕朱履中，表面诚朴，骨子里暗藏贪诈之心，妄图逞其阴谋。朱履中赴府禀报公事，李赓芸想了解民情，询问他："平和县发生过械斗吗？"答道："有。""可曾派兵抓犯事的人吗？"李赓芸追问着。朱履中为得到长官的赏识，编造谎言说："为民做主的良吏，平日不以徭役、讼事扰民，力求太平无事。遇有应抓捕的械斗要犯，就命令里长绑来到案认罪，无不按照指令遵办。出兵抓剿费用多，岂可轻用。"话说得漂亮、得体，竟骗得李赓芸钦佩不已，认为他朴实、善良，是能感召民众，治理有方的吏才，就请示

131

总督、巡抚，以朱履中代黄懋修。谁知道朱履中上任后，逾月不办。李赓芸督促他，他以刚来主事，未为民众信任作托词。又过了很久，才知道他大话连篇，根本无此能力，于是亲率兵丁前往治理。惜无功而返，军费却耗去七百两，这笔钱由李赓芸和朱履中分摊赔偿。此事不了了之。数日后，李赓芸迁汀漳龙道道台。不久，又升按察使，署布政使。以贤吏接受皇帝召见，一路升迁，相安无事。

清代官员管理制度有考核一项，适逢甄别，查得朱履中任教谕时亏盐课五千余两，抵以他款，代者张均不听抵，漳州知府毕所诣曾接受过朱履中的贿赂，现在不认旧交，一味苛责督促。朱履中计穷力尽，狗急跳墙，竟呈文督、抚，诉说亏空皆因道、府贪婪勒索造成。督、抚联名密奏，升任布政使刚届二十天的李赓芸受诬被解职下狱。原来朱履中抓住李赓芸一根小辫子，就是李赓芸在漳州任上监造战船，因不合格被驳重修，恰巧李赓芸迁任，其家人黄升向朱履中借贷，抵交修船款，而李赓芸不知其事。督、抚质询朱履中时，朱提出上述二事证明道、府贪赃。督、抚复审问李赓芸及黄升，黄升承认此事，而李赓芸瞠目不知，这更增加总督汪志伊的疑心，就命令两司及福州府早日清案。军令状已下，办案人穷追不舍，一直审到除夕日深夜。正月初四日又提李赓芸对簿公堂，李赓芸不肯诬服。十八日，总督催逼，若不早日定案，将惩办办案人员。福州知府涂以辀逼供更紧，李赓芸不愿受狱吏侮辱，自缢身亡。

此事惊动朝野。李赓芸殁，僚属相与泣，士民数千人走数百里号哭于衙门前，整月不绝。嘉庆帝也觉得事关紧要，派一般官员似难胜任，认为王引之为最佳人选，就将已经派充会试知贡举的王引之抽调出，钦差他偕同吏部左侍郎熙昌赴闽办案。王、熙前往福建，风雨兼程。尚未入境，王引之细详宗卷，沿途查访，已获知李赓芸清直，官声甚佳，推想其自尽，事出蹊跷。抵达福州，王引之四方打探，百般审讯涉案人员，查出前述案情，判定为一大冤案。冤案的制造者正是固执苛求、麻木办案的闽浙总督汪志伊，办理疏忽、毫无主见、随声附和的福建巡抚王绍兰，勒供凌逼、草率行事的福州知府涂以辀，恶意中伤、栽赃诬陷他人的知县朱履中。王引之、熙昌将审案详情奏报，很快得到批复，为李赓芸平反，并尊重民意，同意民众捐资建造遗爱祠。而将督、抚汪志伊、王绍兰革职，涂以辀、朱履中遣戍黑龙江。

改文风，抽暇治学

嘉庆二十二年（1817）三月，王引之紧张办案于福州之时，亦师亦友的湖广总督阮元泛舟荆江巡查水利，借夜航之暇，正在为《经义述闻》作序。两年前，经阮元鼓励忙着刻《十三经注疏附校勘记》的武宁卢宣旬，因与阮元的学术往来，又获读王引之《经义述闻》，十分钦羡。阮元见状，怂恿他接着刻，所以《十三经注疏附校勘记》刻成不久，《经义述闻》雕版将竣，阮元序虽重要，此刻也只能算尾巴工程。喜事踵接，就在该月二十八日，清廷就授王引之礼部左侍郎职，虚席等待。待到八月返京，王引之径直赴礼部办公，同时散发着墨香的《经义述闻》江西新刻本也送到他的案前。

有了《经义述闻》新刻本，对心仪该书已久的学友总算有了个交代，王引之于次年寄给许宗彦、张澍、梁玉绳等人。许宗彦拿到经阮元长子阮常生转递的赠书，还余一套，叫他转赠给梁玉绳。高邮二王与梁玉绳素昧平生，怎么想到要赠书给他？原来王念孙著《读史记杂志》时，参考梁玉绳《史记志疑》，要在序中作一交代，然而不清楚梁氏情况，故命引之寻找。王引之致函山阴陈锡畴代为查访，才打探到梁氏情况。以文字之交，而有赠书之举。

这年嘉庆帝六十华诞，特设恩科取士，于六月派王引之任浙江乡试主考官。七月底，与副职李裕堂行抵杭州。以求贤若渴之心，详慎遴选，拔取徐士芬等九十余人，皆知名士。徐士芬于次年中进士，官至户部侍郎兼管钱法堂事务。王念孙故世后，王引之就请这位弟子撰《原任直隶永定河道王公事略状》，其关系可见一斑。

嘉庆二十四年（1819）三月初六日，王引之偕那彦成任会试副主考官，佐主考官戴均元、戴联奎衡文取士，拔得状元陈沆、榜眼杨九畹、探花胡达源等进士二百二十四名。自嘉庆十三年以来，科目文字竞尚词华，士子转相仿效，写文章多用骈俪体，又以堆砌资料为工，貌似华丽优美，实则空洞无物。王引之与诸同事督率房考官，严格区别取舍，对专事模拟而无真实内容和独特风格的文章一概淘汰，专以清真雅正为宗。自此而后，文风为之一变，蹈虚凿空、追求华丽的风气顿时衰减。

闰四月，王引之被署兵部左侍郎。夏秋间，奉诏教习庶吉士。秋，受命任武会试监射大臣。十一月二十五日，补通政使司通政使。十二月十二日，由副都御使授吏部右侍郎。次年（嘉庆二十五年）四五月间，充朝考阅卷大臣。七月二十五日，嘉庆帝驾崩。道光帝即位，并很快组织编修《仁宗实录》的写作班子。九月，道光帝因夙知王引之学行，特充实录馆副总裁，修《仁宗实录》。十月初十日，王引之又奉命出任武会试知武举。从官阶的变化，职位的频繁调动，重大事件的钦差外放，看得出朝廷对他的信任和重视。他履行职责，公而忘私，像拼命做学问一样，也在拼命做官。

虽说官务繁忙，但王引之百忙抽暇，还是完成了一件大事，即《经传释词》的定稿和刊行。该书早在嘉庆三年就有成稿，总以不够精善而未付刻，算来为官二十年，借官斋闲暇磨砺此书，终于在嘉庆二十四年刊刻行世。这年赴京接受嘉庆帝召见的两广总督阮元，喜得王引之赠送的《经传释词》。王引之是接受阮元的建议写此书的，由他写篇序记此缘由，岂不为学坛留下一篇佳话？十月初八日，嘉庆帝设万寿筵宴，阮元、王引之都赴宴受赏。不久阮元离京，借南行舟中无事，认真地读着《经传释词》，也为该书作序理着头绪。舟行大运河而入长江，行舟看《经传释词》，其乐无穷。舟抵江西地界，书也至终卷，阮元拍案而起，感慨道：恨不能让汉代名儒毛亨、毛苌、孔安国、郑玄复活，来共证王引之如此痛快的论说。以为高邮二王贯通经训，兼及词气，发明古训，使学者择此书求索，再不会悖谬经传。十一月二十一日，阮元于赣州舟次记下上述感受，成了这一名著的名序——《经传释词序》。

　　阮元从王引之处获得数部《经传释词》，途经扬州时，分赠焦循一部。焦循曾摘该书说《孟子》若干条，揽入正在撰写的《孟子正义》中。次年二三月间，陈寿祺收到经孙尔准转递的王引之函及《经传释词》一书。他通读全书后，从两个方面论述了书与作者的伟大处。一是说自己读了一辈子书，常见前后不能相通、彼此不能相应者，如今读了《经传释词》，旷若发蒙，茅塞顿开。二是说像王引之这样位望优崇的官员，吏事复杂深奥，以余力钩稽经义，至纤极悉，没有专精通博的造诣、醇厚纯美的学养，是无法做到的。这些心悦诚服的话出自陈寿祺口中，绝非阿私。

治蝗灾，关心民间疾苦

道光元年（1821）六七月间，河北、山东农村出了件亘古未有的新鲜事：各州、县派员设点收购蝗虫。具体的做法是：根据捕蝗农民的需求，要钱发钱，易米给米，凡是捕蝗一斗给钱米若干，捕蝻（未能飞行的幼蝗）一斗给钱米若干，明码公告。这年河北、山东一带蝗虫肆虐，初夏就发现天津、静海、宁河、宝坻、武清等县蝻孽萌生，农民一筹莫展，正在听天由命之际，传来这喜讯，个个争先恐后。当时捉到的蝗虫很多，贪吃的蝗虫长得肚大腰肥，不知是哪位天津籍的馋王加勇士的双料角儿突发奇想，就用油炸蚂蚱（蝗虫）吃，想不到味道好极了，一传十、十传百，天津人吃油炸蚂蚱竟成了时鲜货，"天津人逮蚂蚱——炸了它"也成了当地盛传的歇后语。

这件功德事是王引之首倡的。入夏后，王引之根据调查，深知蝗灾造成数百里绝收是常事，关心民间疾苦的他想到一本书。乾隆初，陆曾禹著《救饥谱》，吏科给事中倪国琏检择精要，编订进呈，深得乾隆帝的欣赏，嘉其有裨实用，赐名《康济录》，刊刻发行。惜地方掌权者并未经意此书，更谈不上推行。王引之结合眼前蝗灾，认为该书《捕蝗必览》中载捕蝗十宜，以设厂收买最为要策。

为此，王引之奏《请颁发〈康济录〉捕蝗十宜交地方官仿照施行》折。他在折中强调"以钱米收买蝗虫"立法最简易，收效最显著。同时提请各级官府注意，捕蝗一事办理要得法，首先严禁扰民。六月初七日，嘉庆帝谕复王引之奏章，命遭受蝗灾地区的地方官参照执行。道光帝登基后亲自过问此事，至七月十六日，天津等二十八个州县蝗蝻均已捕捉干净。吏部右侍郎王引之关心起户部的事，把地方上小吏抓的差事，促变成皇帝亲自抓的数省集体灭蝗行动，在中国荒政史上也算是奇事。

三、六部四尚书和武英殿总裁

选才重道德，施政重职守

道光二年三月初五日，王引之转吏部左侍郎。闰三月二十日，充殿试读卷官。八月初六日、九月十九日，又两次授命署理刑部左侍郎。道光三年三月初六日，王引之奉命出任会试副主考官，佐主考官曹振镛选拔贡士。五月初六日，与协办大学士、户部尚书英和一同被道光帝派任教习庶吉士。九月十一日，王引之又受命充癸未科武会试正考官。

六年之内，王引之两充乡试主考官，两任会试副总裁，深得邀宠。这年五月中下旬，他特意撰《癸未会试录叙》，在感激圣恩之余，阐说择才标准。他认为应该以《周礼·地官·司徒第二》叙宾兴事，用六德、六行、六艺为标准，以通经致用为准绳。校士衡文，见其文疏通知远，知其识见卓越；其文温柔敦厚，知其心地醇正；其文质实而有要，其人必无浮夸之风；其文淹雅不俚，其人必无做作、鄙陋的习气。所以说德行是第一标准，道艺次之，而德行、道艺皆从文中出，此为衡文关键。切记不要被饰字句、修声调、雕琢之工、刻镂之巧的文章所迷惑。一定要把品端、识远、学深且通博者选拔为朝廷的备员。

道光四年（1824）十一月二十八日至道光五年八月初六日，王引之以吏部左侍郎数次兼署户部左侍郎。户部侍郎为户部尚书之副，其职责是协同尚书执掌天下土地、户籍、赋税、财政收支等事务和行使相关政令。漕粮调运为其中大宗。早在嘉庆四年（1799），其父王念孙据巡漕所知道的情况，撰有《粮漕利弊说》，就揭露出漕运中的黑幕，王引之耳目有所受，早已烂熟胸中。此番执掌户部事，虽属暂署，但是清廷并非随便拈个人凑数，而是选用干练大臣担当，熟谙该部事务的王引之成了最佳人选。

道光五年（1825）春，王引之获知江浙地方官吏张贴"征收漕米不得超过八折"的公告，心中颇喜。他清楚江浙地区征收漕米，官吏从无节制，诈收滥取，苦累百姓。今限制在八折，官方有盈余，百姓免剥削，贫民的困难得到缓解，应该说是好事。可是王引之总觉得有点不对劲，头脑里翻来覆去地思考着，发觉其中隐藏着严重问题：漕米本有正额，原本不准在正额外有丝毫滥取；即便有浮收于额外者，终究违反例禁，还是有所顾忌，不敢恣肆妄为，如若明示以八折收漕，则一石二斗五升只当一石，正额之外准其有浮额，使浮收合法化，恐怕贪官钻政策的空子，以为不禁浮收，更加肆无忌惮。

王引之为此奏报《请禁漕米陋规折》，要求严禁浮收，更不可将漕米浮收合法化。他特别言明，再好的政策、法规，若不严格执行，皆无济于事。并非"八折收漕"不可行，关键在于能否严格执行。推及其他，可见王引之此奏章的用心，非专指征收漕米的陋规，也泛指其他陋规。

先后执掌六部四印的万能尚书

道光七年（1827）五月初七日，王引之以吏部左侍郎擢升工部尚书。自嘉庆二十二年任礼部左侍郎，在这个副部长级的岗位上干了十年，终于转正。清代凡侍郎升尚书，按常规皆经历都察院左都御史的过渡，方能升转，而王引之以忠清亮直深得道光帝的器重，破格提拔，竟跳过这门槛，一步跨进中央六部这一最高领导核心，一时惊为殊遇。道光帝召见他时，直截了当地对他说：并非仅是欣赏你的学问好、资历深，而是看中你的品德好。听来此话好耳熟，不就是王引之四年前向道光帝建议的选才标准吗！说来也巧，在这个衙门当差像是祖传的，他的祖父王安国在乾隆朝曾任此职；父亲王念孙也在工部都水司等部门工作多年。现今他以祖孙鼎甲的出身，秉承两世遗规，尽心接班任职。他稽查严格，考察审核皆亲历；素精算术，在署办公，曾取奏销册复核所用资金，无论数十百万的金额，执笔与算盘，按数计算，无须多少时光就算得一清二楚，僚属皆惊诧。

工部掌管各项工程、工匠、屯田、水利、交通等政令及下达具体的处理意见。其中河工工程名目最繁杂，岁修之外，又有另案，厅员大都借此营私，偷工减料，贪污谋利，竟出现新修的工程反不如原有工程坚固的混账事。当日王念孙官河道十年，纪律整肃，督查严格，下属不敢虚报，终其任未见报一另案，也就是说杜绝开花账。王引之侍父任所，耳濡目染，习知其弊端，今父亲健在，遇事咨询，对河工了如指掌。故拟奏疏上达道光帝，请严禁东、南两河另案工程的奏请。奉旨允行，堵住开花账的漏洞。

当时工部积案太多，错综复杂的事纠缠在一起，王引之接手于困难之时。时值淮、黄不能治理；漕粮由运河改海运；关、孟二滩挑浚工程刚开始，阻碍重重；淮盐积累，常规的赋税不能及时收纳，影响财政周转。王引之博采众议，考古筹今，夙兴夜寐，拳拳之心，不敢稍有懈怠。经常接受道光帝的单独召见问对，促膝陈述，不草一疏，应声而答如悬河。可惜的是这些应对未能留稿。

算来王引之于道光十二年（1832）因父亡守丧而解职，在尚书任上仅四年半，但先后在道光八年八月十六日署户部尚书，九年七月二十日署吏部尚书，十年九月二十三日改礼部尚书。清代部院大臣最重要的就是吏、户、礼、兵、刑、工六部。在不太长的时间内，王引之涉足四部，应对、处理各种繁奥复杂的军政大事，可见他的吏才不同凡响，也证明道光帝对他十分信任和重视。

父子兵修订《康熙字典》

任工部尚书两个月后的七月十一日，在新岗位上忙得够辛苦的王引之，头上多了一顶官帽——武英殿总裁。武英殿总司皇家图籍，称为"殿本"的十三经、二十四史都是从这里监刻出来的。也就在此时，道光帝要重修《康熙字典》，当然要委任精擅此道的王引之领衔。此刻与修《四库全书》之时相比，已不可同日语，朝中文臣真无人胜任，非王引之莫属。回过头来说，即便把高邮二王放到编《康熙字典》那个时期，依然称得上出类拔萃，是堪坐第一把交椅的角色。

《康熙字典》是道光帝高祖钦定的，已历康熙、雍正、乾隆、道光四朝，勿论内中讹误，就康、雍、乾三朝庙讳，及当今皇帝的御名皆未作避讳处理，也该重加修订。《康熙字典》搜罗繁富，卷帙浩繁，堪称字学渊薮，只是成书时有仓促、草率之嫌，当日纂辑诸臣迫于期限，未能引证典籍，详加校勘，难免舛误与讹错。

道光帝钦命奕绘、阿尔邦尔、那清安、王引之四人领衔重

140

修《康熙字典》，明眼人一看就知道，前三位皆满人，怎修订得了这部字典？道光帝也心知肚明，那是挂名的，重担理所当然地落在王引之一人肩上。所幸老父尚在，只好请他帮助。王念孙十分赞成此事，甚至心中暗喜，这种千载难得的文化工程由他父子来做，太荣幸了。他对儿子说，《康熙字典》为信今传后、万世不刊之书，亟宜详校、更正，以成善本。并认真地先校订了数册，定为法式，叫儿子仿效着做。王引之对文字学素有研究，轻车熟路，又有父亲校订的范本，接下来的事做得就爽手利索。

在道光朝的北京，找几个深谙乾嘉学术的人绝非易事，而高邮二王终究不是铁打的，工程如此巨大的修订工作，总得有几个人帮衬。修订《康熙字典》，前后四年，贝勒爷奕绘虽说在修订班子中挂头牌，实际上他一直以弟子身份尊奉王引之，而且绝非图形式，是真拜师，真想学些学问，既索要《经义述闻》研读，又在修订《康熙字典》的全程跟班学习，增长了许多识见，也为修订工作做了许多实事，可以说王引之与奕绘的师生关系就是通过修订《康熙字典》建立起来的。

知名学人许瀚，在道光七年冬也入武英殿充校录。十二年前为山东学政王引之识拔的许瀚，此时追随于王引之左右，做着钩玄解纷、正本清源、振烦祛惑、求真求是的工作，感到很幸运。武英殿绝不亚于今日那些名牌大学的博士点，或博士后工作站，许瀚跟着老师王引之修订《康熙字典》，也学到许多知识。他们的工作，引起学者的重视，陈寿祺多次致函王引之，询问《康熙字典》校订进度，并求教《字汇》解析的方法。可见《康熙字典》的修订，使小学研究在道光朝又有了一次复兴的机会。

处理《康熙字典》中避讳字简单易办，难办的是改易大量引用书的错误。其错误主要是：有的书名、篇名错误或妄改，有的引文错误或脱落，有的删节失当，甚至断句错误，更有错字、改字等情况。王引之偕馆臣修订，并将已纠正的各处错误辑成《字典考证》刊刻明示，共得二千五百八十八条，分条注明，各附按语。同事皆推重王引之，还有他背后的王念孙，认为高邮二王校订过的绝对可信，不必再找他人。《康熙字典》的修订条目基本上出自高邮二王之手，有"十居八九"之说。《康熙字典》是钦定官书，王引之虽奉旨校订，但仍存戒备之心，非私撰，忌讳颇多，不敢大胆放手修订，未臻完善。更因时代的局限，拘泥于古代原有的训诂，用今日标准审视，在字义解释上往往不够确切，或者失于简略。但瑕不掩瑜，由王引之领衔修订的《康熙字典》，其作用不可轻视。

道光十一年（1831）三月二十九日，《康熙字典》校刊完毕，王引之会同奕绘、阿尔邦尔、那清安等奏陈完成此事的大概情况，并提请为四年间奔走承值收发、校对、缮录诸员请功。随疏呈上新刻《康熙字典》及其《考证》。一代儒宗著述传，随着这年王念孙《读书杂志》的收稿辑集，高邮二王的历史使命接近尾声。

四、胸罗训诂，心系天下

鹿鸣重赴，甲子复初；鲁殿灵光，一门集萃

王念孙自嘉庆十五年（1810）退休，一转眼十三年过去，道光三年三月十三日迎来他的八十岁生日。他平生交游不多，凭他的声望和儿子的地位，还是有不少友朋和小弟子献诗文祝寿。随手撷拾几家赞词，师恩友情跃然纸上，真是盛名满天

下。王引之的弟子胡培翚，一代名学者，撰《寿序》对其学术成就极力颂扬，其关键话语是：国家文运昌隆，通儒辈出，如顾炎武、江永、戴震，研究文字、音韵、训诂，皆不及王念孙博学以综，精思以审，伟识以断，而集其大成。出入经史百家，疏通文字，使古籍恢复其真面目，千百年来，唯王念孙一人而已。更值得称赞的是，父子两大儒萃于一门，而晨夕传业，也是千古所未有。

又过了两年，八十二岁的王念孙距被赐为举人之年已届一甲子，按例与新科举人同赴庆功宴——鹿鸣宴。参照那时人的寿限，重赴鹿鸣宴虽无上光荣，却是难以等待到的日子。当时王念孙被儿子迎养于京邸，不可能到江苏参加。顺天府府尹陆以庄获知此情，就向道光帝奏报。道光帝知道王念孙是吏部侍郎王引之的父亲，年登耄耋，蕊榜重逢，是艺林嘉瑞，不但准许他参加鹿鸣宴，还加恩赏给四品职衔，乐得王念孙合不拢嘴。鹿鸣宴上，须眉似雪的王念孙在黑头少年的簇拥下，谈笑风生，"莫言老叟精神倦，倾耳笙簧头向豪"。绝少写诗的王念孙豪兴大发，赋诗六首恭记宠遇。

垂暮之年的王念孙，喜得八十华诞的庆贺、重赴鹿鸣的荣耀、与儿子承担修订《康熙字典》的盛事，好戏连台；八十四岁那年，儿子又升任尚书，美事踵接。道光八年（1828）冬，朱彬致书王念孙，祝贺其子晋升尚书，顺告纂辑《礼记训纂》的进度。道光十年十月，朱彬收到王念孙命儿子王引之寄来的信及赠书《读荀子杂志》《经义述闻》。朱彬随即函复王引之，承蒙赠书，对新增内容有"如入五都之市，百货俱陈"的感受，钦佩万分。再次通报《礼记训纂》本已完稿，因新增若干条，重加厘订，估计岁暮方能完成，届时再呈请审读。果然仅隔了一个多月，朱彬将精力专注十年的《礼记训纂》稿呈王念孙斧正。附函谢赠书，发出"一家作述，为汉以来经生所未有"的赞誉。并回忆五十八年前，与李惇、汪中等学友相往来，常称赞王念孙的情景，赞誉今日王念孙鲁殿灵光，身为儒宗，盛名经久不衰。

次年正月，王念孙致函朱彬，告诉他，细加阅读《礼记训纂》，以为实事求是，是酌古准今之作，有功经学甚巨。唯有献疑者数处，附签二十八条供参考。此老体弱多病，卧床而不常起身，以八十八岁的高龄认真校读鸿篇巨制，真难能可贵。王念孙与朱彬是扬州学派前期代表人物，历经乾、嘉、道三朝长达六十年的交往，从中透视出扬州学派人物的执着和求实精神，他们的友谊完全建立在相互坦诚、学术资源共享的基础上。

道光十年（1830）五月二十九日，王念孙撰写《读荀子杂志补遗序》；道光十一年三月初九日，撰成《读晏子春秋杂志叙》；三月二十一日，撰《汉隶拾遗序》；九月十三日，撰写《读墨子杂志序》。这四篇序虽写于一年带四个月的时间内，但这四部《杂志》并非这段时间写成，可以说是在数年、数十年的时间内撰著、修订，只不过王念孙面对老病的现状，不得不告一段落，于此停笔，所以时至十一月，正式宣告《读书杂志》十种撰成并刊刻完毕，他也能在有生之年目睹这一巨著问世。未及两月，王念孙辞世。

献身学术、事功的名父子

王念孙退休后，身体一直欠佳。待到嘉庆二十五年（1820），又添手足偏枯的疾患，腿脚不便，已不能出户，但他以顽强的毅力，著述不辍。天下事总得有个尽头，虽说手中还有许多散稿，也有论断尚无定数的半成品，以及林林总总的各类资料和文摘，总得作个收尾。时至道光十一年（1831）十一月，王念孙自知来日无多，赶紧将自嘉庆十七年以来陆续付刻的《读书杂志》作一大总结。笔耕一生的王念孙，极可能为《康熙字典》的修订付出了不少辛苦，已力不从心，不堪重负。他情不自禁地感叹道："校字徒伤目，看书亦费心。不如高枕卧，无古复无今。"

不久，王念孙病势日渐沉重。次年春节，全家上下过得都不踏实，个个担心老人家能否闯过春寒。节后，王引之见老父病情未好转，就请了十天假，侍奉汤药，巴望能调理痊愈。正月二十三日，王念孙回光返照，突然精神起来，见王引之惦记署中公事，就叫他去上班。王念孙历来持一代管一代，教子不教孙的规矩，待王引之前脚出门，他一反常态，突然将几个孙子叫到床前，对他们说："我不久于人世，刚才不告诉你们父亲，因为父子实同朋友，老友故世，岂能不伤心？他也是六十开外的老人，你们要劝他不必太悲伤，坏了身体。"特别关照道："守丧结束后，一定要劝你们的父亲不要再出去做官，出去不吉。但我知道你们劝不住，他肯定要出去做官。"实暗示再度出山凶多吉少，推想一是官场险恶，二是担心儿子体弱，又是工作狂，怕他伤身早逝。王念孙说到此处，戛然而止，颜色遽变。家人立即奔赴署中报告，王引之飞驰而归，站在床前请训，老父张目而视，惜不能言一语。迁延至次日凌晨四五点钟，一代大儒驾鹤西归，时在道光十二年正月二十四日（1832年2月25日），享年八十九岁。

次日，王引之在礼部尚书任上以父丧守制免职。待打理入殓、接待吊唁各事完毕，即扶柩南归。返抵高邮，王引之暂厝父柩，随即忙于寻觅墓地。高邮独旗杆王府的墓地与众不同，

145

它不是集中聚葬于某一墓园，而是自高邮湖西逐渐西移，各自独立，几代人为寻觅墓地都花了许多心血和时间，这难免与"风水学"有关。故拖延至道光十三年十二月初四日，王引之才将父枢奉安于六合县东北乡东岳庙镇南。

王引之居丧期间忙的另一件事就是整理父亲的遗稿。先是道光十二年四月初一日，将王念孙手订散稿二百六十余条整理完毕。以《余编》辑入《读书杂志》。待到五月十六日，王引之偕弟敬之撰成父亲《行状》，并刊印成册，分寄阮元、徐士芬、陈奂等师友，供其分发或撰写碑、传作参考，也备史馆采录。不久，王引之就收到阮元、徐士芬分别写的墓志铭、事略状。

这期间，王引之与阮元联系较多，除了求其撰写乃父墓志铭外，尚请他推荐书碑名家，更多的是学术交流。阮元打算命学海堂刻印王念孙《古韵廿一部》，惜广州当事人吴兰修办事拖拉，未及时办，就改请王引之在扬州刻其父书，并顺便将《广韵》刻印出来。后来《古韵廿一部》在广州刻成，扬州刻书事作罢。阮元还函询王引之，先前请他校读《揅经室集》增补本情况，又说打算在《经典释文》中的《毛诗音义》和佛经《音义》中寻找互证，来辨别儒、释交涉的相关之处和情由。

王引之守丧将结束时，得暇就与儿子寿同等讲析《止斋铭》中语："行年六十，官一品也，是人生合止时。"并说："我年近七十，正是古人退休的年龄，只是祖孙父子四世承恩，怎敢偷闲，贪图安逸。"祖父临终时对孙子说的话，又在寿同等人的头脑中重复着，再听听父亲这番话，明摆着父亲是在封他们的口，也就不硬劝父亲不出山。

道光十四年（1834）六月，王引之守丧结束入都，四子寿同偕行，途经袁浦，踌躇满志地与儿子谈漕河、海塘等国计民生大事。十一月十二日，王引之署工部尚书，越五日实授。这时严烺将编写的《竹篓源流考略》呈王引之，请他支持修筑海塘的举措。新官上任，各事繁多，他紧张有序地处理着。大忙到第七天，各事方定，意料不到的事发生了。当日下班回家，王引之顿感身体不适，虚汗直淌，自觉在劫难逃。他对寿同说："我在袁浦听说洪泽湖淤塞，打算到高堰一带视察，寻求有实效的解决方法，惜未能成行，后悔至今。"又讲道："在家时获知海塘坍塌，事关浙江沿海民生，国家财赋，应当讲求其中利弊，为国家献策。最近正征集前人筹议海塘的书籍和资料，参考其要点，结合自己的识见，整理呈报，也未得完成，终成憾事。"拖延到第二天，越发不支，于是口授遗疏，言毕，气息渐微，时至道光十四年十一月二十四日（1834年12月24日）八九点钟，一代名臣名儒、扬州学派重镇王引之与世长辞，享年六十九岁。

高邮二王出身于家学渊源、治家严厉、世代为宦的名门望族，祖孙父子笃志学术，为清代儒门之冠；为官廉洁、勤政，卓有声誉和功绩。罗振玉辑《高邮王氏遗书》录入《高邮王氏六叶传状碑志集》五卷，记其六世王曾禄、安国、念孙、引之、寿同、恩晋事迹甚详，从中可见其六代传承的家训、家规、家学及高风亮节、文章经济各方面的业绩。孟子曰："君子之泽，五世而斩。"而高邮王氏家族不为孟子说所限，"陋巷旧家风"，不改其乐，发扬光大。其家族事迹难能可贵，足羡当世，激励后来。

附　录

年　谱

1744 年（乾隆九年）　　三月十三日（4 月 25 日），王念孙出生于江苏省扬州府辖高邮州。

1756 年（乾隆二十一年）　　从戴震学。

1761 年（乾隆二十六年）　　参加院试名列第一，得江苏学政刘墉、两淮盐运使卢见曾赏识。

1765 年（乾隆三十年）　　奉乾隆帝谕旨，蒙恩受赐举人。

1766 年（乾隆三十一年）　　三月十一日（4 月 19 日），王念孙长子王引之出生于高邮州。春，王念孙抵京参加会试。此间，谒朱筠，识程瑶田，会任大椿。见江永《古韵标准》，知顾炎武所分十部未妥。归里后，取《诗经》寻绎，始分二十一部韵。

1769 年（乾隆三十四年）　　王念孙二次入都参加会试，落榜。常谒朱筠，与之论六书精义。冬，王念孙嘱李文藻求购毛刻北宋本《说文解字》，欲据此发明字学，著书四种，以配顾炎武《音学五书》。

1772 年（乾隆三十七年）　　春，王念孙在京结识刘台拱。冬，王念孙、汪中先后入安徽学政朱筠幕。汪中与王念孙订交，并受念孙影响，始治小学、校勘学，深究经术。汪、王与幕中邵晋涵、章学诚、洪亮吉、黄景仁、汪端光、庄炘、高文照等交往。

1773 年（乾隆三十八年）　　王念孙为朱筠校勘小徐本《说文》将竣，复代朱筠撰序，随即付刻。夏，王念孙复来朱筠署，为其校《大唐开元礼》，并讨论搜罗《四库全书》事。王念孙、汪中受朱筠嘱，同校《大戴礼记》中《曾子》十篇。王念孙随朱筠入京。

1774 年（乾隆三十九年）　　王念孙馆朱筠椒花吟舫，费半年功撰成《说文考异》。夏秋间，王念孙撰《书钱氏（大昕）〈答问〉说地字音后》。

148

1775 年（乾隆四十年）　王念孙中二甲七名进士，选为庶吉士。王念孙请假归里。王引之跟从父亲受读朱子《小学》《小儿语》等书。

1776 年（乾隆四十一年）　王念孙至扬州会汪中，汪中向王念孙介绍程瑶田学术精湛。王念孙居湖滨精舍，致力注《说文》。贾田祖偕李惇来访，并赋诗记其事。

1777 年（乾隆四十二年）　王念孙、汪中、李惇受贾田祖邀，在其斋中聚饮，兼为汪中送行。席间，贾田祖赋诗记其事。王念孙次子、引之弟敬之生。王昶文宴于陶然亭，王念孙、朱筠、翁方纲、程晋芳、孔继涵等四十余人赴会，此唱彼和，孔广森撰序记其始末。

1779 年（乾隆四十四年）　王念孙校勘《方言》有辑本。

1780 年（乾隆四十五年）　卢文弨有与王念孙论校正《大戴礼记》书，赞念孙所校可补注家之失。随函付上校勘记若干条，请念孙审正。王念孙奉命任《四库全书》馆篆隶校对官。

1781 年（乾隆四十六年）　王念孙偕同翁方纲、卢文弨、程晋芳、周永年、丁杰、陈以纲、刘台拱等，同阅桂馥新著《续三十五举》，翁方纲题记。

1782 年（乾隆四十七年）　上谕令四库馆总裁督同总纂等纂《河源纪略》。王念孙、任大椿、吴省兰为纂修官。王引之补博士弟子员。从事小学，并以八股文求教屠平圃、李弼。

1783 年（乾隆四十八年）　王引之入都，进国子监读书。

1784 年（乾隆四十九年）　桂馥抄录王念孙所校《说文》一百一十九条，标为准则。

1787 年（乾隆五十二年）　王引之返高邮。闭门读书。冬，王引之开始研读《说文解字》《六书故》《六书略》《尔雅》等书，就谐声一端得见解若干条，寄乃父王念孙批阅。

1788 年（乾隆五十三年）　王念孙开始撰写《广雅疏证》。

1789 年（乾隆五十四年）　段玉裁入京，始晤王念孙，共同商定古韵。经王念孙介绍，段玉裁与陈鳣结交。

1790 年（乾隆五十五年）　王引之拜谒来京祝嘏的钱大昕，请教所学，蒙称许。王念孙受亡友任大椿托，整理其《小学钩沉》，并请庄述祖代撰序。王引之撰成《周秦名字解诂》，并开始著《经义述闻》《经传释词》。

1791 年（乾隆五十六年） 段玉裁为王念孙撰《广雅疏证》作序。

1792 年（乾隆五十七年） 卢文弨致函王念孙，告之诠释《广雅》近况。因获悉王念孙也属意《广雅》，有所撰述，欲索其稿合刊。阮元致函王引之，赞其"经训"精确，并随函罗列《词气释例》体例，建议王引之撰著。

1795 年（乾隆六十年） 阮元寄函王引之，询问春间寄示《广雅》事，并告之近期经学研究成果。王引之参加顺天乡试，中举。王念孙撰《广雅疏证》得完稿。

1796 年（嘉庆元年） 王念孙自序《广雅疏证》。王念孙开始校勘《管子》。

1797 年（嘉庆二年） 王引之自序《经义述闻》。

1798 年（嘉庆三年） 王引之著《经传释词》成，自序之。

1799 年（嘉庆四年） 王念孙草拟《敬陈剿贼事宜折》，弹劾和珅，为嘉庆帝称善。旋即谕令将和珅撤职法办。王引之中一甲第三名进士。王念孙任直隶永定河道。撰《粮漕利弊说》。

1801 年（嘉庆六年） 王引之出任贵州乡试主考官。王念孙因永定河道决口被革职，戴罪发往工段效力。

1802 年（嘉庆七年） 王引之访焦循于京师南柳巷郑兆珏寓中，赠以《周秦名字解诂》。

1803 年（嘉庆八年） 陈寿祺复王引之去年夏日来函，通报在杭州阮元幕中编纂《经郛》等事。

1804 年（嘉庆九年） 王念孙实授山东运河道。臧庸抵京，受王引之托，帮助校勘任大椿《字林考逸》。

1805 年（嘉庆十年） 焦循得王引之函和《经义述闻》。随即函告不满惠栋《周易述》而有所著述，与引之讨论易学。王引之复焦循，赞其论《易》之作"凿破混沌，扫除云雾"，并就用"比例"之法研究易学形成共识。

1806 年（嘉庆十一年） 段玉裁致书王念孙，谢其惠赠刻书钱，又言及去冬奉到《经义述闻》及来信，并与之讨论《说文解字》。

1807 年（嘉庆十二年） 河南学政王引之为改变学风，商议于署河南巡抚阮元，捐资购《十三经注疏》分置各府、县学，倡导通经致用。

1808 年（嘉庆十三年） 王念孙为段玉裁撰《说文解字读》制序文。日后改易少数字句冠于段氏《说文解字注》卷首。

1809 年（嘉庆十四年）　王念孙偕同赵佩湘办案。随后奉调直隶永定河道。王念孙根据巡查西淀上游各河实情，草拟《查勘新旧唐河潴龙河并东西淀应浚情形禀稿》呈上司，陈述治水建议。

1810 年（嘉庆十五年）　陈寿祺致函王引之，与他讨论《尚书大传》，为校补该书作准备，请引之指示条例。臧庸赴永定河道拜谒王念孙，结忘年交。王念孙以六品衔离职。

1811 年（嘉庆十六年）　臧庸致函王念孙，汇报校勘《小学钩沉》的情况，并就相关学术三事与之讨论。王念孙读臧庸《拜经日记》毕，为之序。

1812 年（嘉庆十七年）　王念孙著《读书杂志》陆续有成稿，开始刊行。

1814 年（嘉庆十九年）　王引之出任山东学政。临行请训，嘉庆帝谕令以整肃士习为重，并密查山东大吏劣迹及相关吏治情况。

1815 年（嘉庆二十年）　王念孙序汪中《述学》。王引之奉嘉庆帝谕令，撰文以弘扬教化。于是著《阐训话恩论》《见利思害论》进呈御览，随即奉命刊布。王引之将全帙《经义述闻》寄阮元，阮元委托卢宣旬刊刻。王引之请阮元赐序。

1816 年（嘉庆二十一年）　王念孙书写致李庚芸函方毕，收到庚芸上年十二月信，针对他所询问古韵，将自己分韵二十一部的见解补写于函末寄出。

1817 年（嘉庆二十二年）　嘉庆帝获知李庚芸被诬陷自缢事，钦派王引之偕同熙昌赴福建按查此案。历经勘察，为庚芸冤案平反昭雪。王引之擢礼部左侍郎。阮元为王引之《经义述闻》作序。

1819 年（嘉庆二十四年）　王念孙撰《读管子杂志序》。阮元为王引之《经传释词》作序。

1820 年（嘉庆二十五年）　顾广圻遵王念孙、王引之父子嘱，精校宋版《淮南子》事毕。若干日后，广圻寄函引之，并附上校勘记及其他考证数条，供王念孙增补。

1821 年（道光元年）　王念孙将顾广圻校《淮南子》诸条附入《读书杂志·淮南子内篇补》中刊行，王引之作序记其事。王念孙审读丁履恒著论韵诸篇，签出不贴切者三十五条，致函丁履恒，并附上所签最重要的二十八条供参考。道光帝谕复王引之奏《请颁发〈康济录〉捕蝗十宜交地方官仿照施行》折，命遭受蝗灾地区的地方官参照执行。秋，王念孙致函江有诰，告知读其《诗经韵读》《古韵总论》的感受，并附上昔日与李庚芸讨论韵学函，供参考。

1822 年（道光二年） 王念孙为朱彬撰《经传考证》作序。

1823 年（道光三年） 王念孙八十华诞，陈奂等撰寿联，胡培翚、郭尚先
（代）等撰寿序祝贺。王念孙致函江有诰，答所询。复讨论四声说，
就其《唐韵四声正》所述与己意合，而引为同志。随函附上《广雅
疏证》乞正。

1825 年（道光五年） 王念孙奉敕受赐加四品衔，并获恩准重赴鹿鸣宴，
赋诗六首恭记宠遇。冬，王引之致函陈奂，告知先后三次收到来信，
并与其讨论三家《诗》师传本子与《毛诗》异。

1826 年（道光六年） 王念孙为李惇《群经识小》作序。念孙删定郝懿
行《尔雅义疏》，为阮元辑刻《皇清经解》提供最佳校本。

1827 年（道光七年） 王引之以吏部左侍郎擢升工部尚书。王引之充武英
殿总裁，未久，偕馆中同人校勘《康熙字典》。起先，请王念孙试校
数册，以此为法式。王引之在京重刊《经义述闻》。

1829 年（道光九年） 王念孙撰《读荀子杂志》毕，陆续刻成，自序之。
陈奂以手录宋钱佃《荀子》校本异同诸条寄交王念孙。

1830 年（道光十年） 王念孙撰成《读荀子杂志补遗》，自序之。朱彬寄
函王念孙，谢其嘱引之寄赠《读荀子杂志》《经义述闻》，随函附上
刚有成稿的《礼记训纂》。

1831 年（道光十一年） 王念孙致函朱彬，告知收到由其子朱士达转递书
信及《礼记训纂》，唯有献疑处，附签二十八条求正。王念孙撰《读
晏子春秋杂志叙》。撰《汉隶拾遗序》。《康熙字典》校勘完竣，王引
之会同奕绘、阿尔邦尔、那清安等奏陈完成此事始末。随疏呈上新刻
《康熙字典》及其《考证》。王念孙撰《读墨子杂志序》。王念孙撰
《读书杂志》始毕。

1832 年（道光十二年） 正月二十四日（2 月 25 日），王念孙卒于北京。
王引之在礼部尚书任上守父丧解职。王引之将王念孙手订散稿辑为
《余编》，收入《读书杂志》中。

1833 年（道光十三年） 阮元致函王引之，询其校读《揅经室集》情况，
并告知欲以《经典释文》中《毛诗音义》互证佛经《音义》，辨儒、
释交涉。

1834 年（道光十四年） 王引之署工部尚书，越五日实授。十一月二十四
日（12 月 24 日），王引之卒于工部尚书任上。

主要著作

（一）王念孙

1.《古韵谱》二卷，《续修四库全书》本，上海古籍出版社，2002 年。

2.《𪊨轩使者绝代语释别国方言疏证补》一卷，版本同上。

3.《广雅疏证》十卷，版本同上。

4.《广雅疏证补证》一卷，版本同上。

5.《释大》一卷，版本同上。

6.《读书杂志》八十二卷《余编》二卷，版本同上。

7.《钦定河源纪略》三十五卷首一卷，《四库全书》本。

8.《王石臞先生遗文》四卷，《高邮王氏遗书》影印本，江苏古籍出版社，2000 年。

9.《王石臞文集补编》一卷，版本同上。

（二）王引之

1.《经传释词》十卷，《续修四库全书》本，上海古籍出版社，2002 年。

2.《王文简公文集》四卷《附录》一卷，《高邮王氏遗书》影印本，江苏古籍出版社，2000 年。

3.《王伯申文集补编》二卷，版本同上。

（三）王念孙、王引之合作

1.《经义述闻》三十二卷，《续修四库全书》本，上海古籍出版社，2002 年。

2.《重刊字典考证》十二卷，《康熙字典》附刻本，中华书局，1958 年。

参考书目

1. 赵尔巽等编撰：《清史稿》，中华书局，1977 年。

2. 清国史馆编撰：《清史列传》，中华书局，1987 年。

3.《清代碑传全集》，上海古籍出版社，1987 年。

4. 李元度：《国朝先正事略》，岳麓书社，1991 年。

5. 罗振玉辑：《高邮王氏六叶传状碑志集》，《高邮王氏遗书》影印本，江苏古籍出版社，2000年。

6. 王章涛：《王念孙王引之年谱》，广陵书社，2006年。

7. 王章涛：《阮元年谱》，黄山书社，2003年。

8. 江藩撰：《国朝汉学师承记》，上海书店，1983年。

9. 梁启超：《中国近三百年学术史》，中国书店，1985年。

10. 钱穆：《中国近三百年学术史》，中华书局，1986年。

11. 张舜徽：《清代扬州学记》，上海人民出版社，1962年。

12. 曹聚仁：《中国学术思想史随笔》，生活·读书·新知三联书店，
1986年。

13. 杨向奎：《清儒学案新编》，齐鲁书社，1985年。

14. 王力：《中国语言学史》，山西人民出版社，1981年。

15. 胡奇光：《中国小学史》，上海人民出版社，1987年。

16. 洪诚：《训诂学》，江苏古籍出版社，1984年。

17. 富金壁：《训诂学说略》，湖北人民出版社，2003年。

18. 张永言：《训诂学简论》，华中工学院出版社，1985年。

19. 周斌武选注：《中国古代语言学文选》，上海古籍出版社，1988年。

20. 张世禄：《中国古音学》，商务印书馆，1930年。

21. 张舜徽：《中国文献学》，华中师范大学出版社，2004年。

22. 方东树：《汉学商兑》，《万有文库》本，商务印书馆，1937年。

23. 卢文弨撰：《抱经堂文集》，《续修四库全书》本，上海古籍出版
社，2002年。

24. 李文藻撰：《南涧文集》，版本同上。

25. 朱筠撰：《笥河诗集》，版本同上。

26. 焦循撰：《雕菰集》，版本同上。

27. 陈寿祺撰：《左海文集》，版本同上。

28. 陈鳣撰：《珍艺宧文钞》，版本同上。

29. 阮元撰：《揅经室集》《续集》，版本同上。

30. 臧庸撰：《拜经堂文集》，版本同上。

31. 戴震：《戴震文集》，中华书局，1980年。

32. 罗振玉编、赖贵三笺释：《昭代经师手简笺释》，台湾台北里仁书
局，1999年。

33. 陈奂撰：《三百堂文集》，《丛书集成续编》本，上海书店，1994年。